GUÍA BÁSICA DE

DIBUJO

Bodegones
y naturalezas muertas

GUÍA BÁSICA DE

DIBUJO

Bodegones
y naturalezas muertas

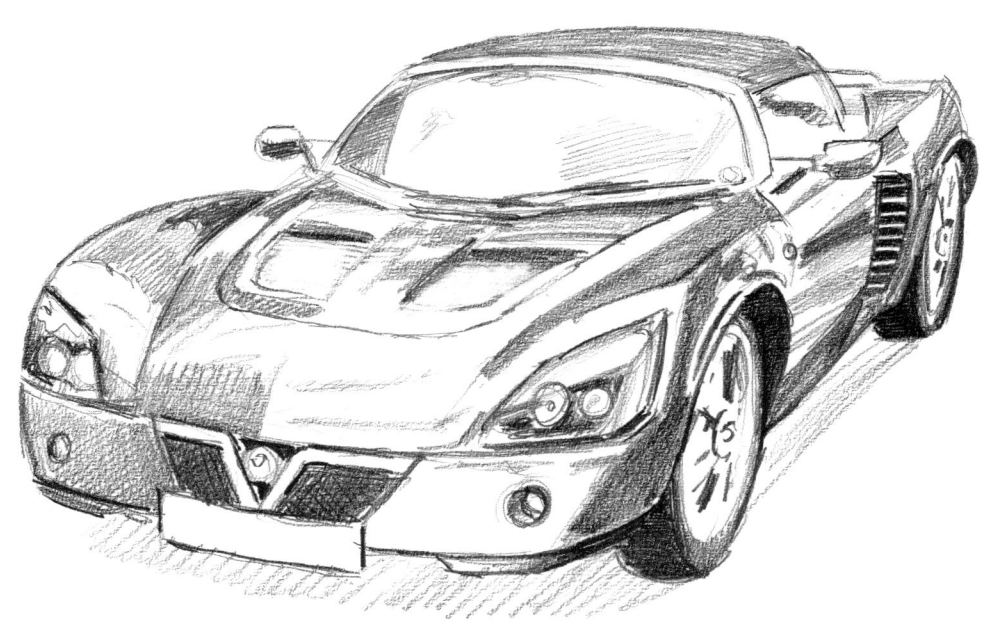

BARRINGTON BARBER

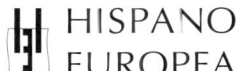

HISPANO
EUROPEA

Título de la edición original:
Essential Guide to Drawing Still Life

© 2012 Arcturus Publishing Limited/Barrington Barber
26/27 Bickels Yard, 151–153 Bermondsey Street,
London SE1 3HA

© de la edición en castellano, 2013:
Editorial Hispano Europea, S. A.
Primer de Maig, 21 - Pol. Ind. Gran Via Sud
08908 L'Hospitalet (Barcelona), España
E-mail: hispanoeuropea@hispanoeuropea.com

© de la traducción: Esther Gil

Depósito Legal: B. 24.496-2013

ISBN: 978-84-255-2079-2

Consulte nuestra web:
www.hispanoeuropea.com

Impreso en España
T. G. Soler, S. A.
Enric Morera, 15
08950 Esplugues de Llobregat (Barcelona)

INDICE

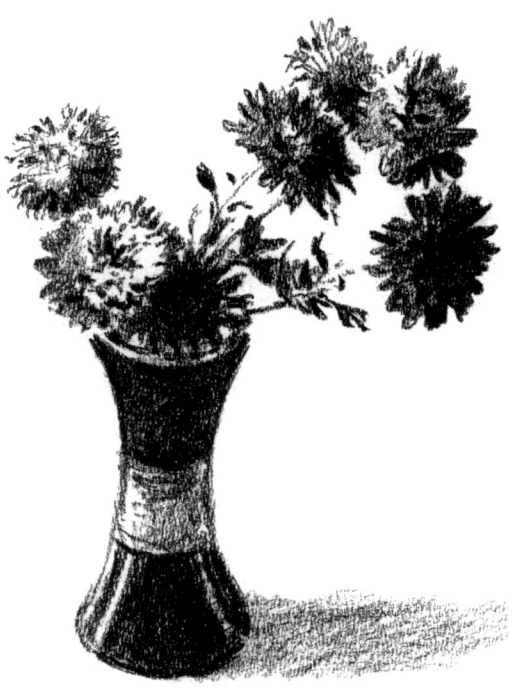

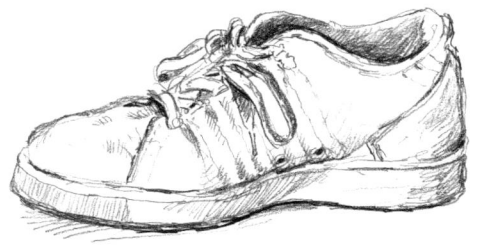

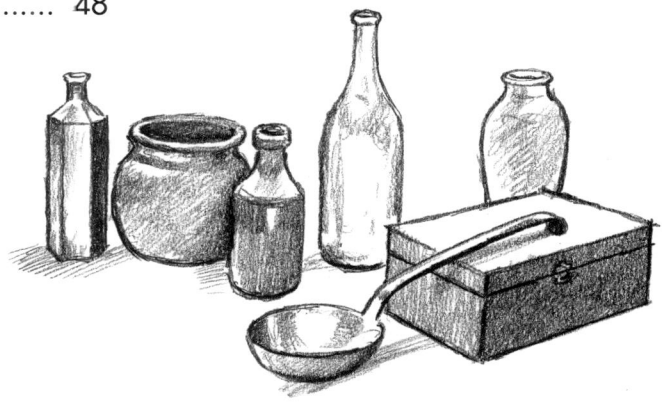

/// Introducción

Como género, los bodegones y las naturalezas muertas son la forma más accesible
para que los artistas puedan practicar sus habilidades. Siempre hay algún objeto
a mano que dibujar e incluso en casa encontramos numerosas composiciones de
naturalezas muertas sin realizar ningún esfuerzo por nuestra parte. Estos objetos nos
animan a mirarlos de cerca antes de plasmarlos en el papel. Observa cómo un único
objeto descansa sobre una superficie: ¿Qué ángulo elegirías? ¿Qué textura tiene? ¿Hay
algún reflejo o alguna sombra sobre él? Una vez más, un grupo de objetos implica
una serie de demandas diferentes en cuanto a observación, ya que se contemplan los
objetos y la relación que establecen entre ellos de modo que también la proporción
y la perspectiva entran en juego. A partir de los ejercicios de este libro aprenderás
diferentes visiones para construir una agradable composición de naturalezas muertas y
conseguir práctica en el género.

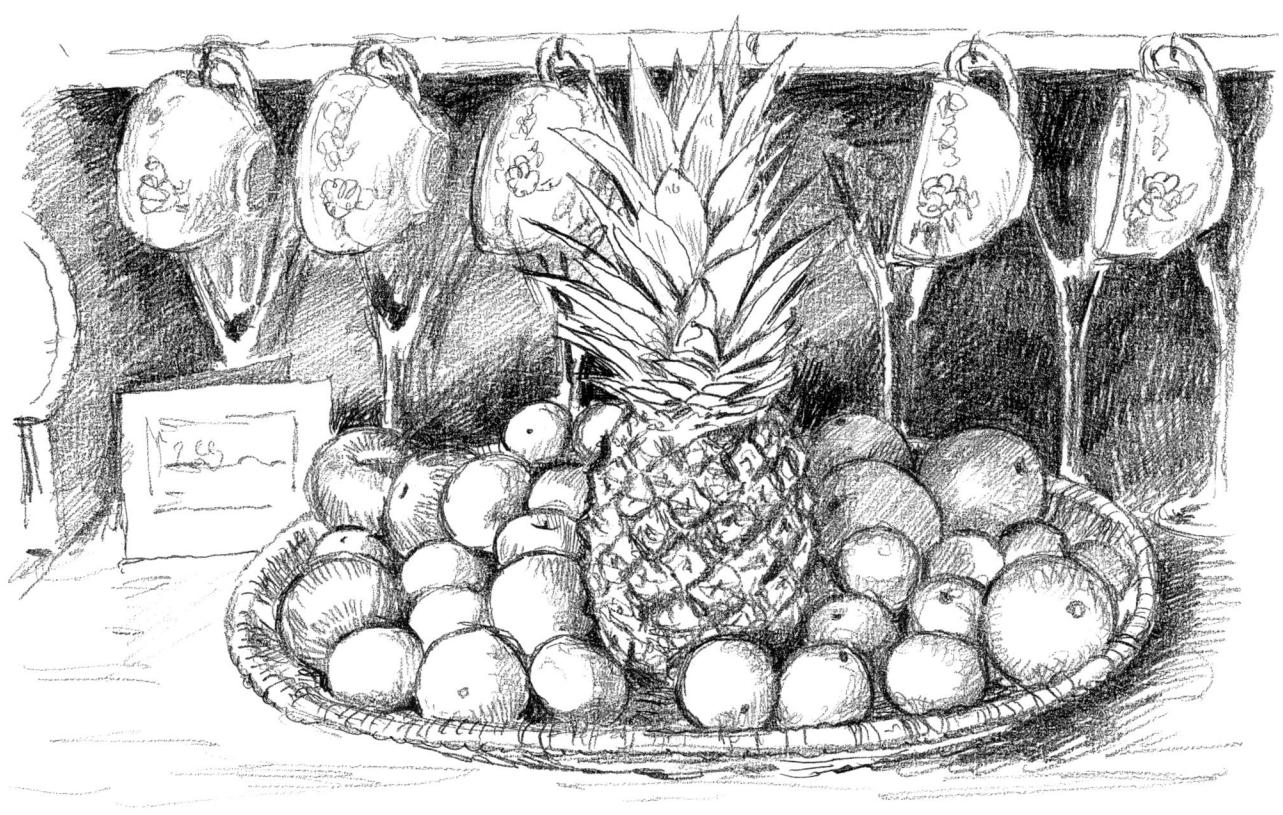

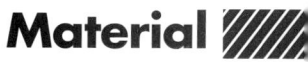

Cualquier material es válido para dibujar naturalezas muertas y, tanto aquí como a lo largo del libro, mostraré un gran abanico de posibilidades. La adecuación del material que elijas dependerá de lo que intentes conseguir. Seguramente no tendrás que comprarte todo el material que enumero a continuación, experimenta poco a poco. Empieza con la gama de lápices sugerida y, cuando sientas que necesitas experimentar con algo nuevo, no lo dudes. En cuanto al papel, sugiero empezar con un papel cartulina de grosor medio.

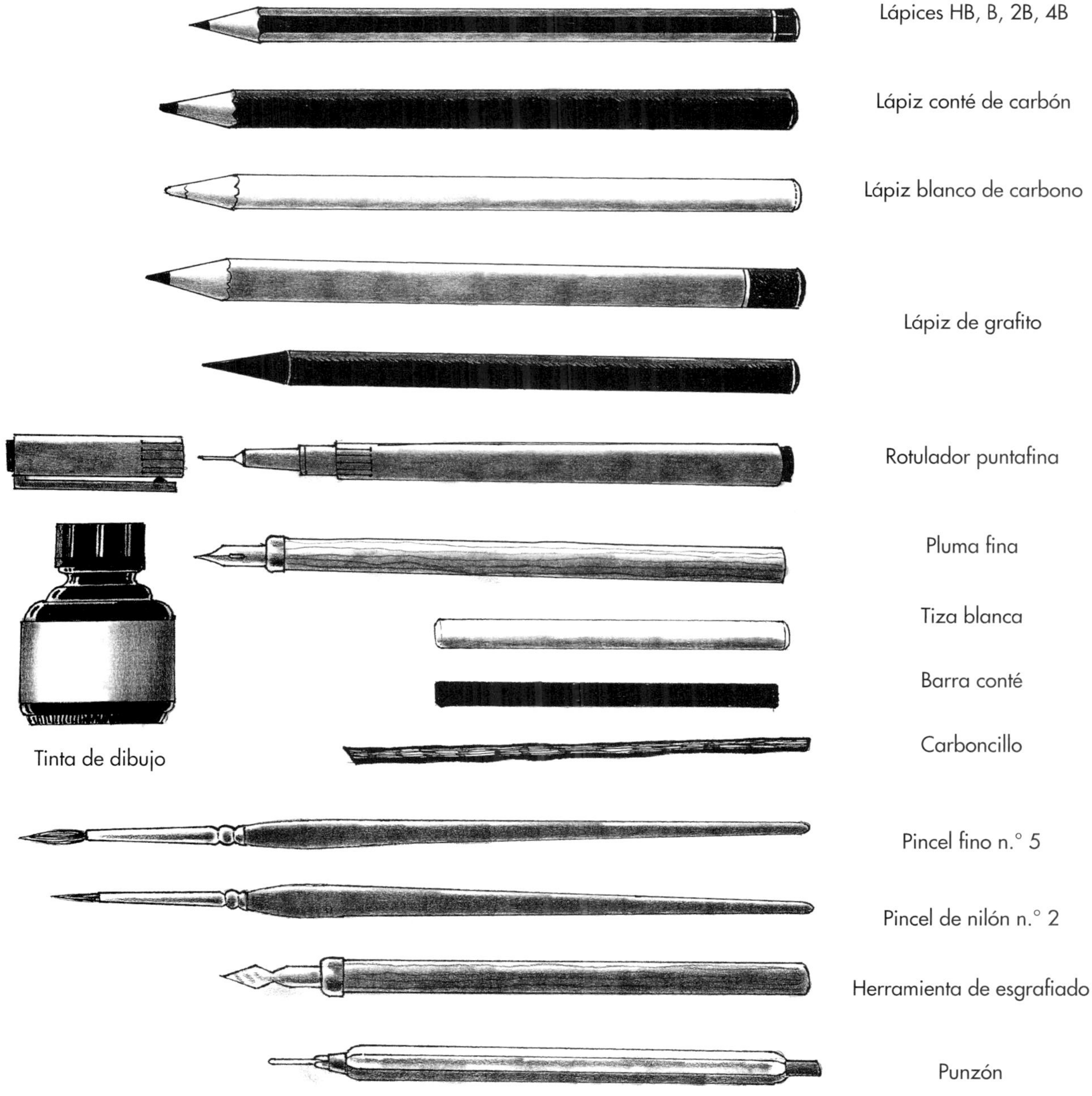

Lápices HB, B, 2B, 4B

Lápiz conté de carbón

Lápiz blanco de carbono

Lápiz de grafito

Rotulador puntafina

Pluma fina

Tiza blanca

Barra conté

Carboncillo

Tinta de dibujo

Pincel fino n.° 5

Pincel de nilón n.° 2

Herramienta de esgrafiado

Punzón

///// Marcas simples

Antes de empezar a dibujar objetos reales, vale la pena hacer unos sencillos ejercicios de calentamiento. Si bien estas páginas están dirigidas sobre todo a principiantes, verás que los ejercicios siguen siendo útiles incluso si ya cuentas con gran experiencia.

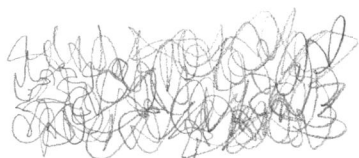

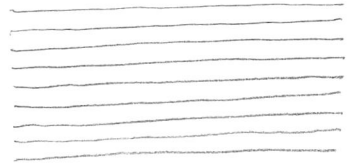

1. Para empezar, intenta dibujar una línea ondulada continua que se vaya solapando repetidamente. A medida que dibujes, advierte el efecto del lápiz en la superficie de papel. Este primer ejercicio sencillamente tiene la función de animarte a comprender que sentir los materiales es tan importante como el efecto visual resultante. Sin esta comprensión, tu dibujo carecerá de valor táctil.

2. Cuando sientas que ya has practicado lo suficiente con los garabatos, prueba con una sencilla secuencia de golpes repetitivos de líneas verticales juntándolas tanto que parezca que casi forman parte de una tonalidad.

3. A continuación traza algunas líneas horizontales que estén más espaciadas y tengan más o menos la misma longitud, con la misma distancia entre ellas y lo más rectas posibles. Así controlarás el lápiz para conseguir el efecto que te propongas.

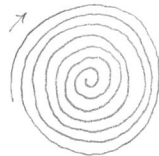
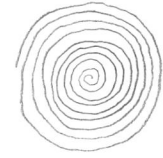

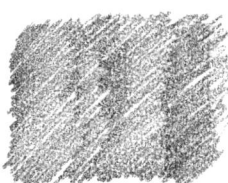

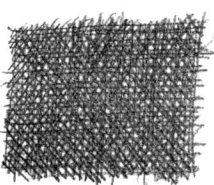

4. En este ejercicio dibuja una espiral que empiece en el borde exterior y que se vaya adentrando poco a poco hacia dentro hasta llegar al centro. Después haz lo contrario, empezado desde el centro y saliendo hacia fuera.

5. Lo siguiente consiste en dibujar un rectángulo con una tonalidad media-oscura moviendo el lápiz en trazos diagonales con la máxima naturalidad e intentando avanzar en la misma dirección. Intenta mantener la misma tonalidad en todo el rectángulo.

6. Realiza una capa de trazos verticales juntos, seguida por una segunda capa de trazos horizontales que los crucen y después por diagonales en ambas direcciones. Verás como así se va creando una tonalidad oscura.

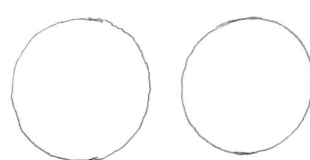

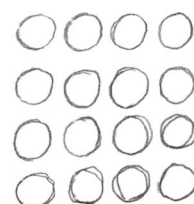

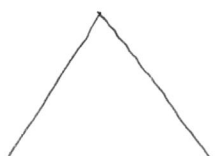

7. Ahora intenta dibujar un círculo lo más perfecto posible. Después imagínate un círculo perfecto en la mente e intenta volverlo a dibujar. No es tan fácil como los ejercicios anteriores pero es una buena práctica.

8. Dibuja varios círculos pequeños, alineándolos en filas de cuatro o cinco. La idea es hacerlos lo más similares posible en formación regular Ahora ya estarás dividiendo el espacio y organizando las formas.

9. El siguiente ejercicio está compuesto por una serie de sencillas formas conceptuales, empezando por un triángulo equilátero, es decir, con todos los lados iguales.

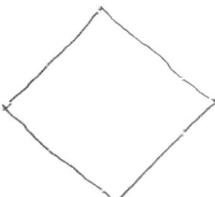

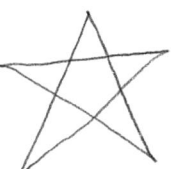

10. A continuación dibuja un cuadrado, recordando que todos los lados deberían tener la misma longitud y todas las esquinas ángulos rectos.

11. Ahora dibuja la misma forma pero girada, de manera que parezca que se apoya en una esquina. Sin duda, un poco más difícil de dibujar.

12. Sin levantar el lápiz del papel, dibuja una estrella de cinco puntas. Quizás necesites un par de intentos antes de que te salga bien.

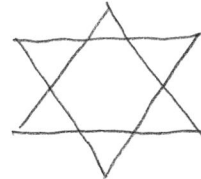

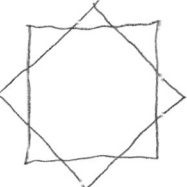

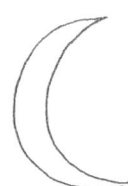

13. Dibuja dos triángulos equiláteros que se solapen para lograr una estrella de seis puntas.

14. Ya puedes dibujar dos cuadrados que se solapen y conformen una estrella de ocho puntas.

15. Por último, dibuja una luna en cuarto creciente, que se dibuja con partes de dos círculos solapándose.

////// Práctica de sombreado

El siguiente paso es concentrarse más en un tono para poder dibujar formas aparentemente tridimensionales.

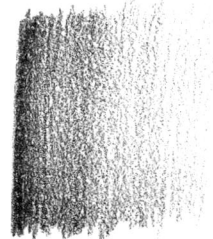 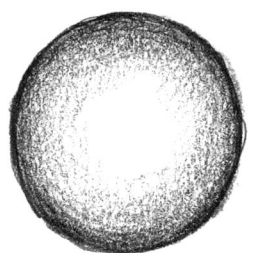

1. Empieza dibujando unas sombras con trazos verticales que gradualmente se hagan más suaves de tono hasta que acaben desapareciendo.

2. Ahora dibuja un círculo y aplícale la sombra alrededor del aro externo, haciendo que el tono poco a poco vaya haciéndose más claro a medida que te acercas al centro. Como puedes ver, parecerá una esfera.

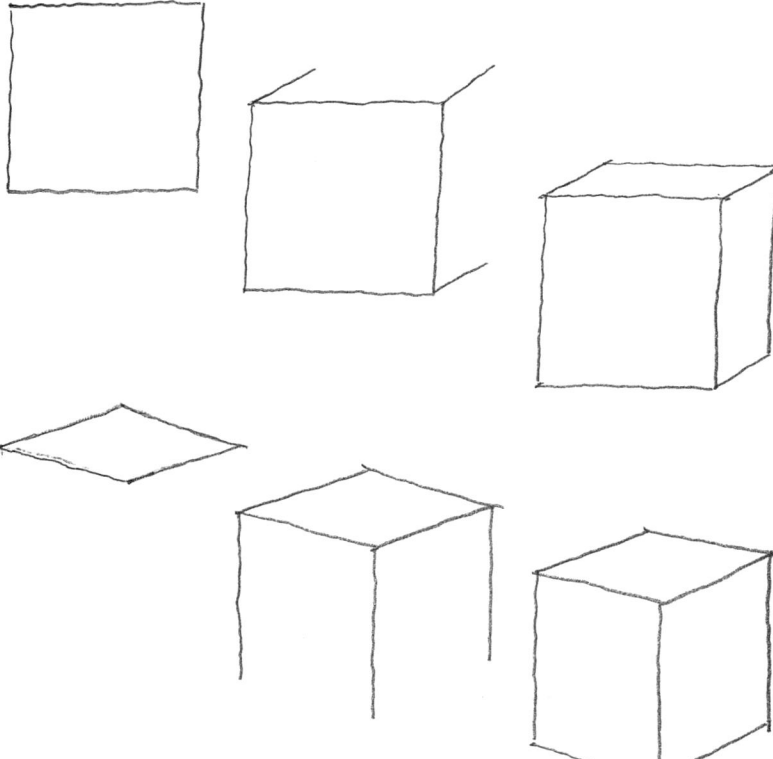

3. Dibuja un cuadrado y, a continuación, dibuja tres líneas paralelas a partir de tres de las esquinas, tal y como se muestra aquí. Traza dos líneas más paralelas al borde del cuadrado. Lo que verás ante tus ojos es una representación convencional de una forma cúbica, es decir un objeto tridimensional.

4. Una forma para lograr una figura similar es dibujar una forma de rombo plano y extender las tres verticales desde las esquinas y después juntar sus extremos para lograr otro cubo.

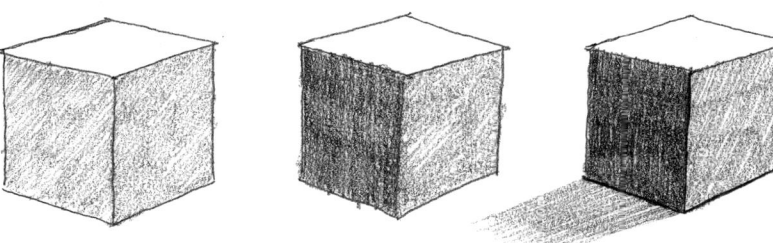

5. Apórtale a esta última figura un aspecto tridimensional aplicándole sombras en las dos superficies inferiores del cubo con un tono igualado, que no sea muy oscuro. Después trabaja la superficie de la izquierda con un tono ligeramente más oscuro. Dibuja una sombra sobre la superficie a partir del lado más oscuro del cubo. Así lograrás que parezca incluso más sólido.

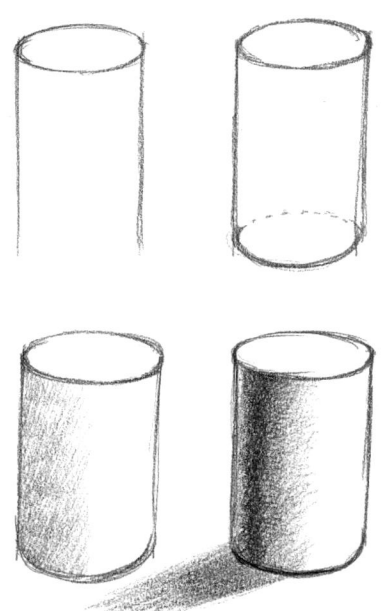

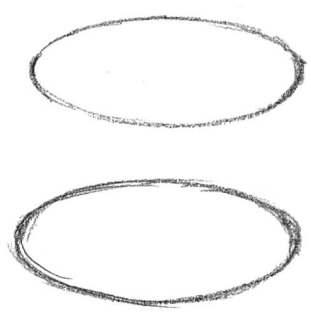

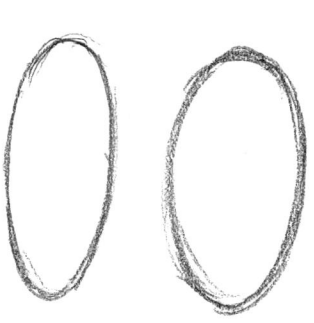

6. El siguiente ejercicio consiste en dibujar algunas elipsis, formas curvadas semejantes al círculo pero observadas desde un ángulo oblicuo. Si observas una copa de vino, el borde superior y la base te parecerán elipsis a menos que los observes desde arriba. Dibuja varias para hacerte una idea, recordando que la curva debe ser continua, sin ningún punto aplanado ni puntiagudo. Dibuja algunas elipsis verticales para que parezcan una rueda vista desde un ángulo.

7. Ahora ya podrás utilizar tus elipsis para crear un cilindro. Dibuja la elipsis y después proyecta dos líneas verticales hacia abajo desde los extremos más estrechos. Dibuja una segunda elipsis en el extremo inferior, al final de las dos líneas rectas. Para que el cilindro parezca sólido, borra la parte superior de esta elipsis de abajo.

Cuando lo hayas hecho, aplica el sombreado en el lado izquierdo del cilindro, hasta que vaya desapareciendo hacia la mitad. Oscurécelo un poco en el lado izquierdo, pero sin que llegue a tocar el lado del cilindro. Por último, proyecta una sombra, tal y como hiciste con el cubo.

Dibujo básico de objetos aislados

Para la siguiente práctica tendrás que encontrar una serie de objetos ordinarios de tu casa e intentarlos dibujar con simplicidad. No hace falta que busques objetos de una belleza inherente, sino que el ejercicio consiste en aprender a dibujar cualquier objeto con precisión.

Busca alguna caja de madera que tengas e intenta reproducirla como he hecho aquí, con el efecto de la perspectiva. Ten en cuenta cómo el extremo más lejano de la caja parece ligeramente más pequeño que el extremo que nos queda más cerca.

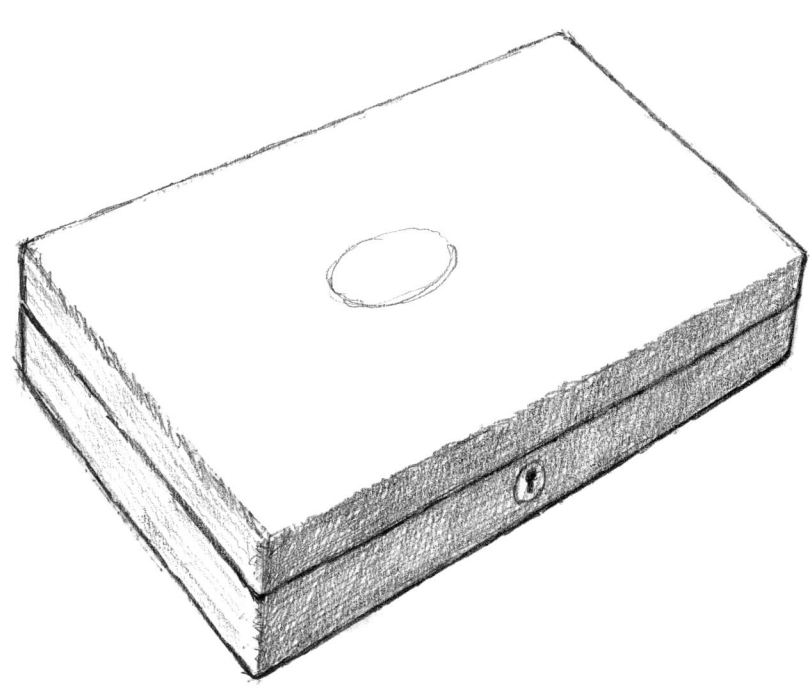

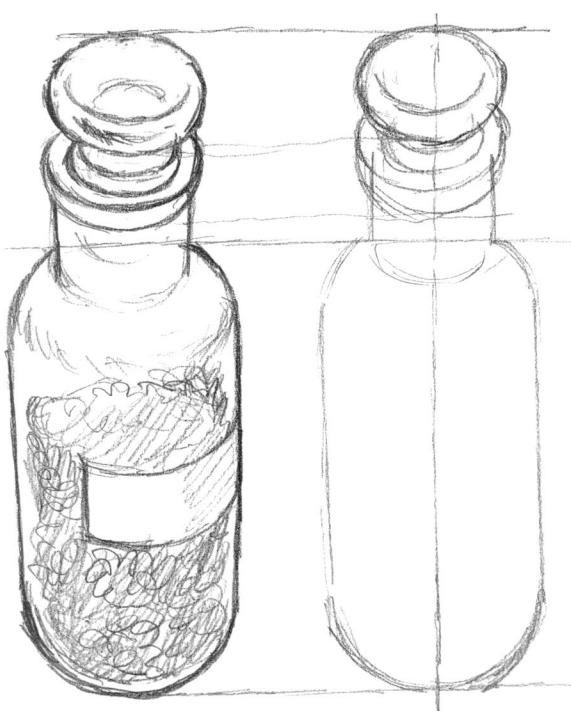

Aquí tenemos una botellita que contiene pigmentos que tengo en mi estudio. La base es una forma circular, así que, como puedes ver aquí, los lados muestran imágenes idénticas a partir de una línea central.

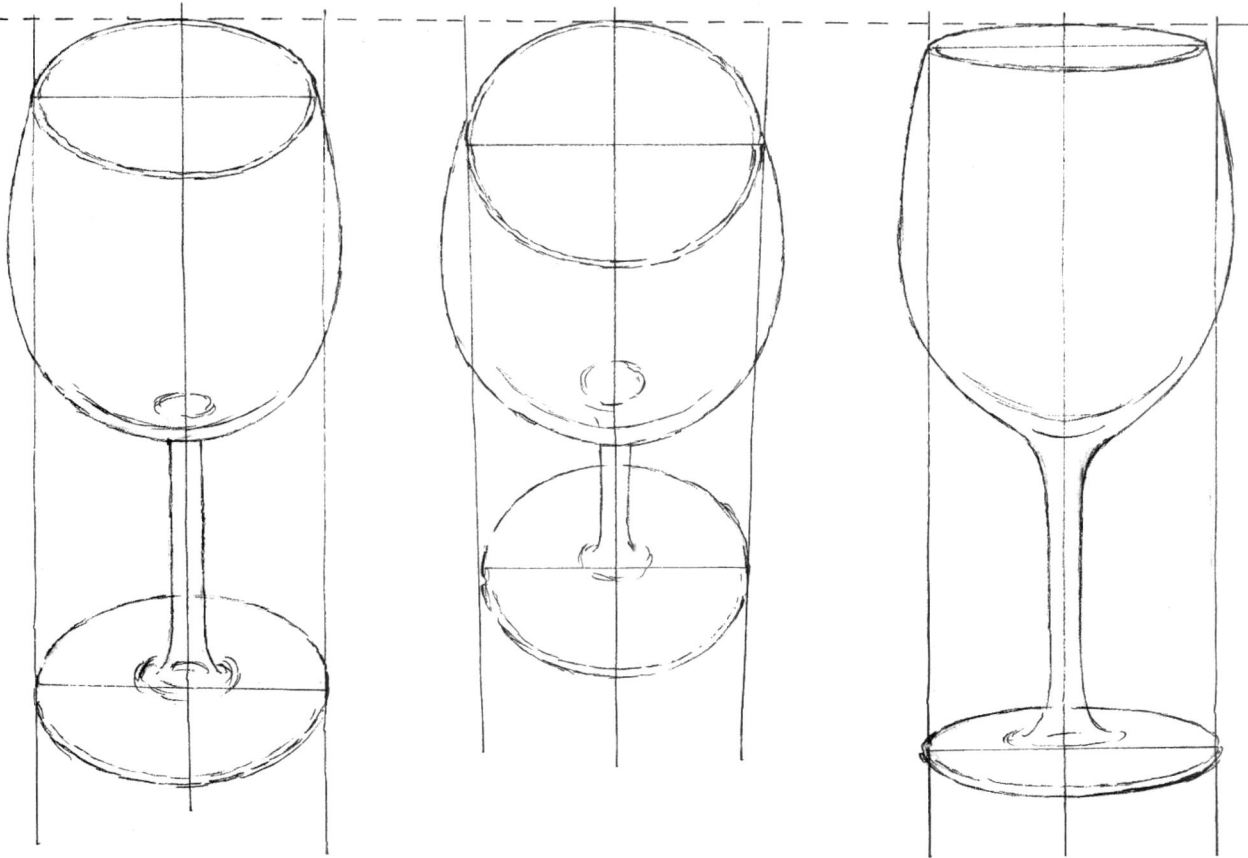

Ahora busca un objeto sencillo como una copa de vino que tenga una forma interesante. Su transparencia nos permite ver la estructura con claridad. Empieza captando las proporciones de la copa de manera general; calcula la proporción del tallo en relación con el cáliz. Como ocurría con la botellita anterior, hay que dibujar una línea vertical con una regla para marcar la línea central del objeto. La forma de la copa está curvada así que ambos lados deberían ser simétricos en relación a la línea central. Si no es así, significa que el dibujo está desequilibrado. En esta composición hay que dibujar muchas elipsis, así que intenta que sean lo más precisas posibles. Comprueba que ninguna de las curvas tenga un aspecto extraño o desproporcionado.

Ahora dibuja el mismo objeto pero desde un ángulo ligeramente distinto. Así practicarás más y te familiarizarás con las formas. Después de haberlo plasmado un par de veces, hazlo desde otro punto de vista, de manera que puedas captar más información sobre el objeto. Toda esta concentración en un objeto ampliará tu conocimiento de las formas, esencial para un artista. Podrás repetir el ejercicio tantas veces como quieras con distintos objetos, sabiendo que cuanto más los dibujes mejor te saldrán.

////Un dibujo más elaborado de un objeto sencillo

Ahora ya podrás representar objetos con un poco más de detalle, añadiéndoles tonalidad y solidez. En primer lugar he elegido una taza y un platillo porque este par de objetos encajan a la perfección y son sencillos de dibujar, pero a la vez tienen la complejidad suficiente como para comprobar si has adquirido nuevas habilidades.

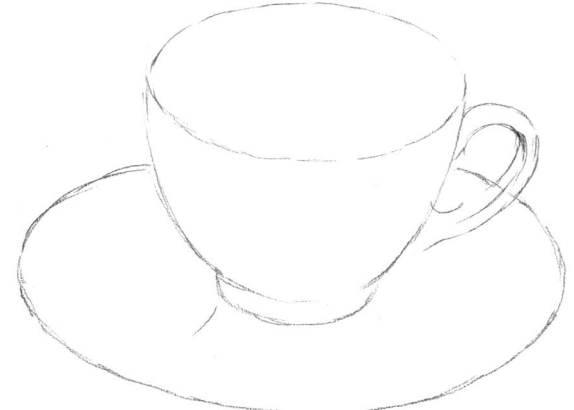

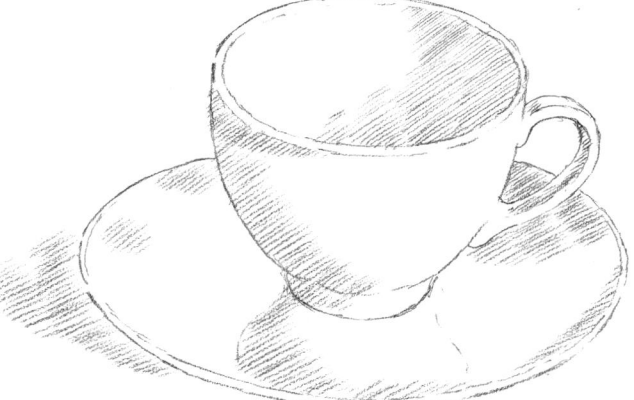

1. Dibuja las elipsis de la parte superior e inferior de la taza y la forma principal del platillo. Dibuja el asa y los lados curvados de la taza.

2. Añade las zonas principales de tonalidad con un único tono, como hicimos anteriormente. Presta atención al interior de la taza y a los tonos a los lados del platillo.

3. Por último, trabaja más los tonos hasta que consigas una similitud con la forma y los reflejos de los objetos.

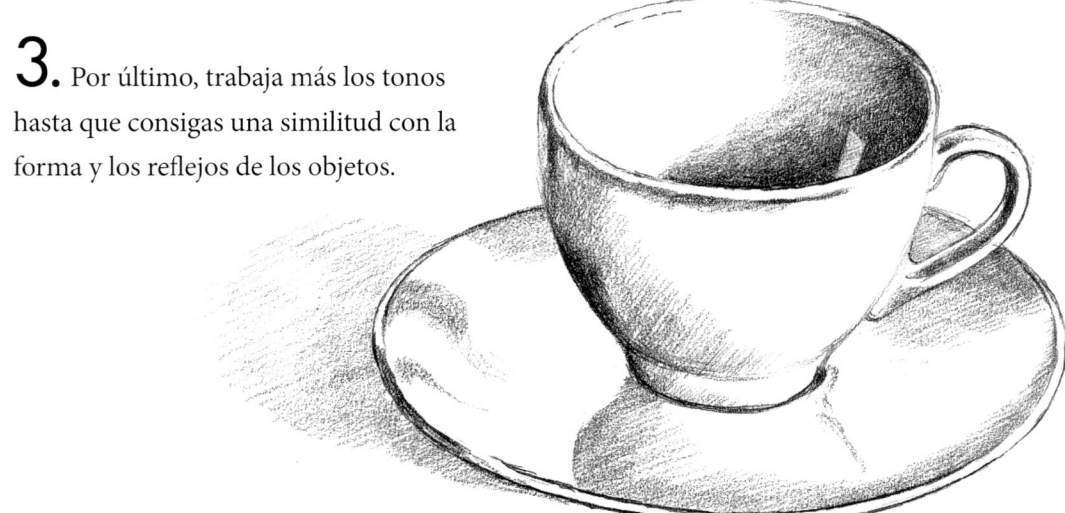

El siguiente objeto será un bote de mermelada con agua tintada.

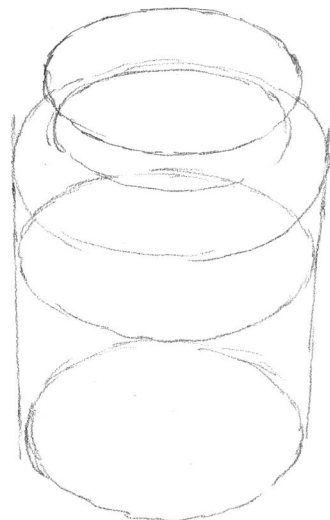

1. Como ya hicimos con antelación, dibuja las elipsis y los bordes exteriores del bote, sin olvidar indicar el nivel del agua también.

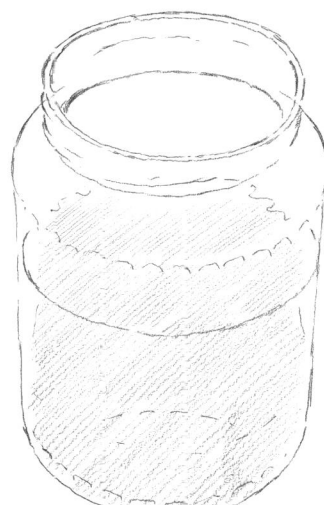

2. Colorea la zona que representa el agua tintada. No habrá muchos más tonos debido a la transparencia del vidrio.

3. Ahora indica las zonas más oscuras y muestra la diferencia entre el cuerpo del agua y la superficie. La mayoría de los tonos oscuros están alrededor del borde superior del bote y del adorno dentado en la parte superior e inferior.

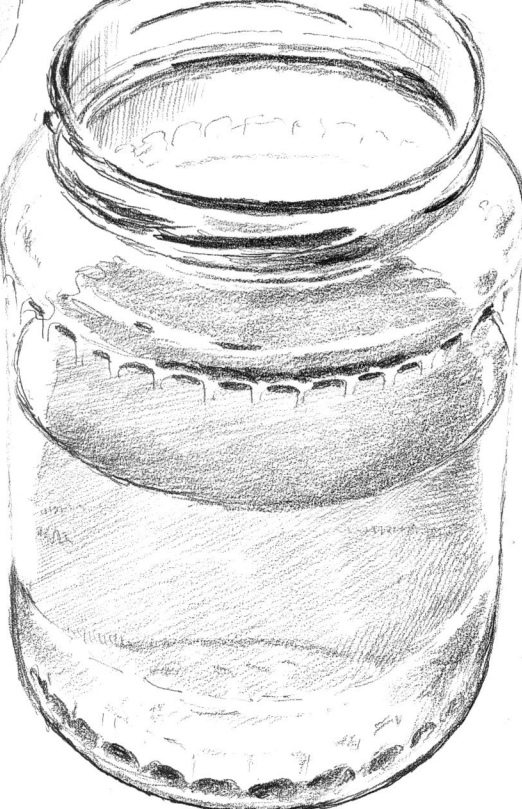

Tonalidad en un objeto

Solo cuando ya se le ha añadido la tonalidad a un objeto empieza a tener un aspecto tridimensional a partir del que trabajar. Los siguientes dibujos nos muestras lo importante que es saber aplicar el tono para describir la sustancia de los objetos.

1. En este dibujo he representado una jarra de un color claro, trazando primero el contorno para expresar la forma, que, sin duda, ya nos aporta mucha información. Se puede ver que tiene que ser redonda y que tiene un pitorro y un asa. También parece que se apoya sobre una superficie, cuyo borde se ve por detrás.

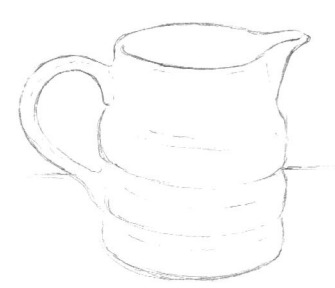

2. Aquí el tono se ha aplicado para que observes la diferencia que marca en el conocimiento sobre el objeto. El espacio está más definido y la cualidad de la curva de la jarra se ve con mayor claridad. El objeto parece mucho más sólido.

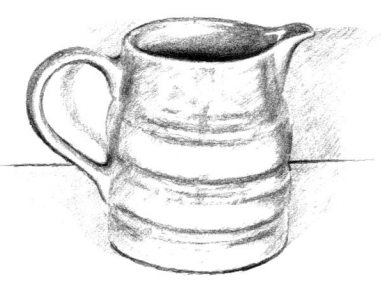

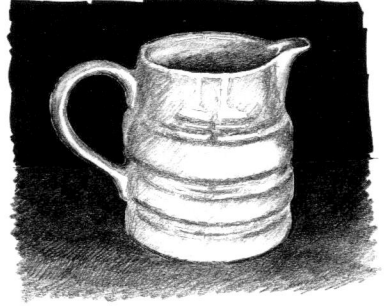

3. En el siguiente dibujo he aplicado toda la tonalidad a la jarra pero sin añadirle los tonos del fondo. De este modo parece como si la jarra estuviese flotando en el espacio porque no tiene ninguna conexión real con el fondo.

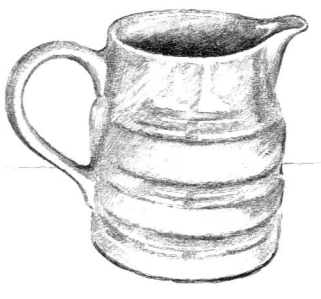

4. El último dibujo de la jarra tiene el efecto contrario, haciendo que las dimensiones del objeto se aparten de la oscuridad del fondo, de manera que queda muy definida la luz frente a la oscuridad. No es un dibujo realista pero es una buena manera de que la jarra capte la atención, apartándose del espacio. Asimismo puede observarse como el tono puede añadirse o sustraerse del dibujo.

Hemos visto algunas posibilidades de aplicación del tono, de manera que ahora podemos prestarle más atención a algunos objetos con los que podrás practicar esta técnica. Aprovecha la oportunidad para elegir diferentes materiales y experimentar con los distintos efectos.

En primer lugar, dibuja con tinta una manzana. La creación de la textura tonal se consigue gracias a la técnica de los garabatos, que parece funcionar muy bien con objetos redondos.

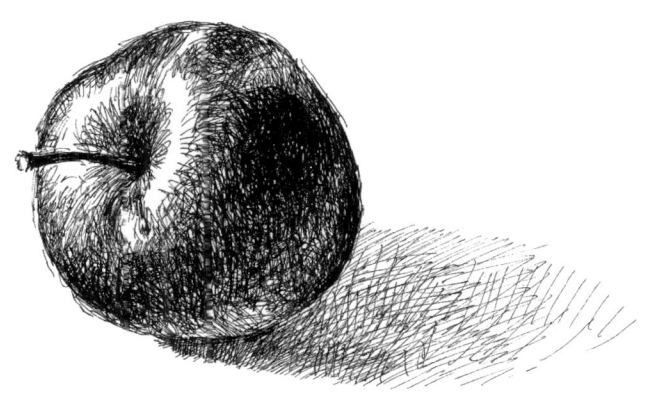

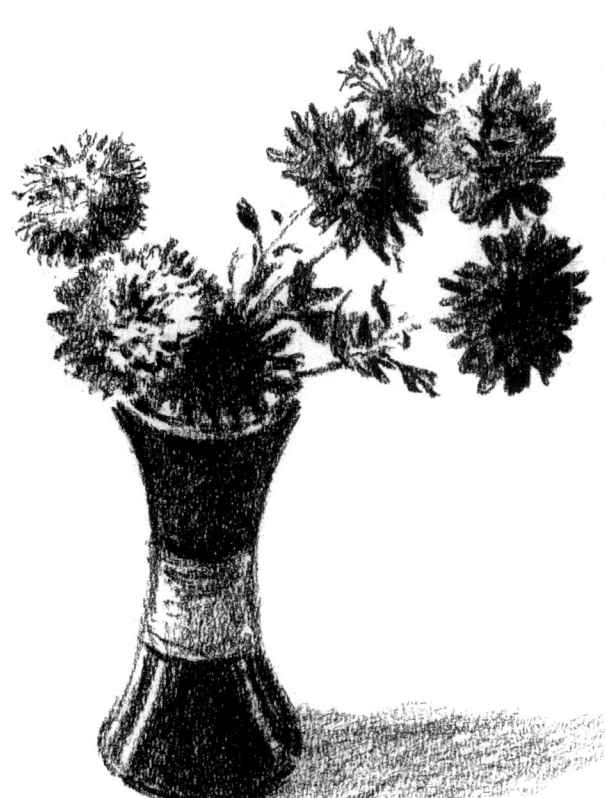

Estas flores están dibujadas con carboncillo. Los bordes suaves de este material se adecúan al dibujo de plantas. La textura ligeramente esponjosa de las flores se expresa bien con el carboncillo.

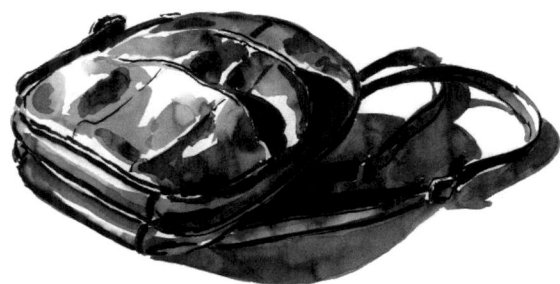

La técnica del pincel y acuarela es apropiada para este dibujo de un bolso de piel, ya que enfatiza su apariencia mullida.

Concentrarse en un objeto

Para esta práctica vamos a centrarnos en un objeto durante cierto tiempo. No hay que completar el dibujo de un tirón, sino que podemos dedicarle dos o tres días. Elije un objeto cotidiano que tenga un poco de complejidad, como, por ejemplo, un zapato. Este artículo nos resulta familiar y bastante básico, pero su forma requiere cierto estudio.

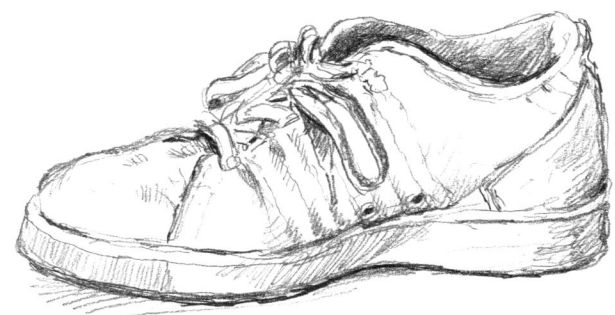

1. En primer lugar, dibuja el zapato de lado. Ten en cuenta la proporción entre la longitud y la altura para empezar a hacer un boceto. Después dibuja todos los detalles que puedas sin ignorar ni la textura ni las formas. Corrige sobre la marcha y avanza en el dibujo todo lo que puedas con el tiempo que tienes disponible.

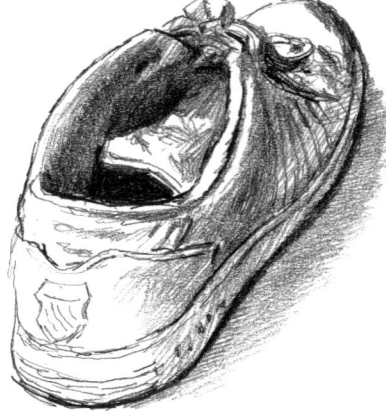

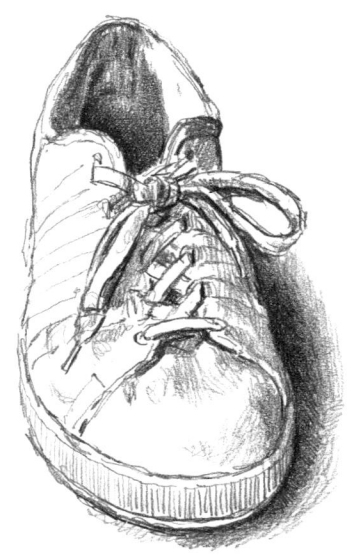

2. Cuando ya hayas finalizado el primer dibujo del zapato, dibújalo pero con la punta mirando hacia ti. De nuevo, haz un boceto de la forma principal intentando plasmar las proporciones con corrección. Si el zapato lleva cordones, átalos en un nudo para que mantenga su forma. Una vez más, dibuja todos los detalles, haciendo todas las correcciones que sean necesarias sobre la marcha. Cuando el dibujo ya tenga buen aspecto, apártalo hasta que estés preparado para volver a dibujar.

3. Ahora tendrás que dibujar el zapato pero visto desde el talón y proceder tal cual lo hemos hecho anteriormente. Puede que te parezca un poco obsesivo dibujar un mismo objeto desde tantos ángulos, pero es la forma más fácil para mejorar tus habilidades pictóricas.

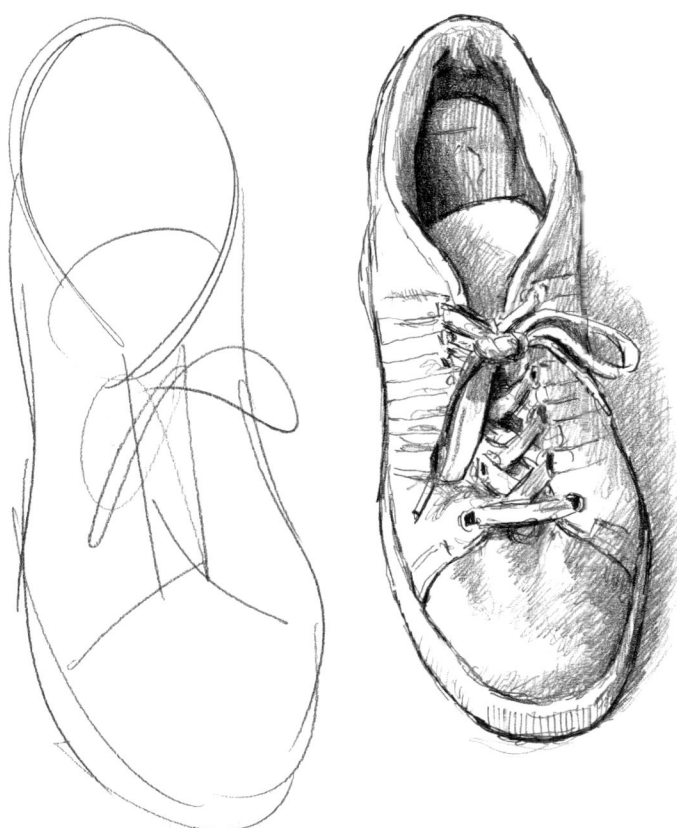

4. Antes de realizar el siguiente dibujo, compara los tres que ya has hecho. Así podrás ver lo que ha funcionado bien y lo que deberías intentar no repetir en el siguiente dibujo. Este proceso también te ayudará a juzgar tu propio trabajo con mayor objetividad. Ahora pon la zapatilla de modo que la puedas ver de arriba abajo. Da igual si tiene la punta o el talón hacia ti. Lo importante es que puedas ver toda la forma del zapato desde arriba. Dibújalo tal y como hicimos anteriormente, trabajando para obtener el mejor resultado posible.

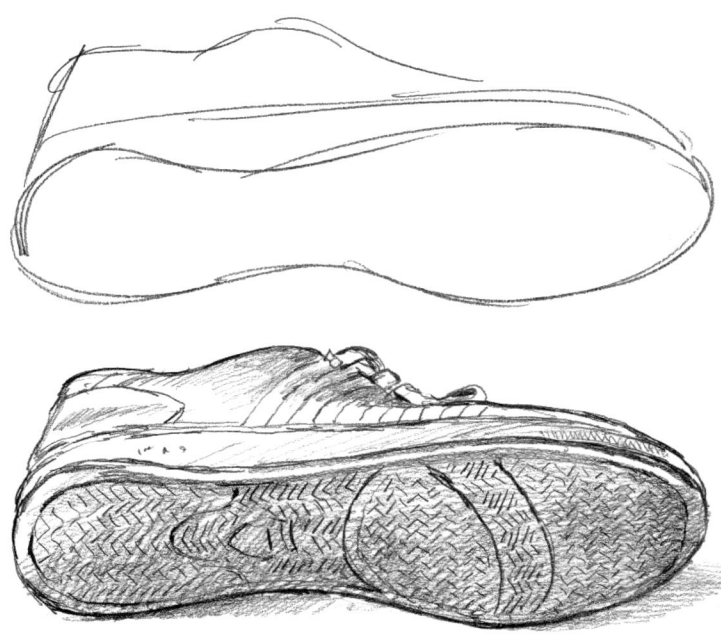

5. Por último, dibuja el zapato con la suela hacia ti. Es un reto bastante grande, ya que es la forma con la que estamos menos familiarizados y tendrás que prestar atención a los ángulos inusuales. Cuando estés satisfecho, pon juntos todos los dibujos para verlos en su totalidad. Así sabrás que eres capaz de realizar toda una serie de dibujos a partir de un objeto, para explorar todas sus posibilidades. Es un trabajo positivo para tu memoria artística porque, aunque puede que no tengas que dibujar un zapato en mucho tiempo, tu memoria te ayudará a hacerlo siempre que tengas que enfrentarte a su dibujo. Toda la concentración que consigas dibujando te ayudará más adelante en tus futuros retos artísticos.

///// Formas más grandes

Ahora observemos algunos objetos más grandes. Empezaremos con una silla metálica de jardín, un objeto muy cotidiano que además ya tiene unos años y está desgastado. La forma lineal de la silla la hace ideal para esta práctica.

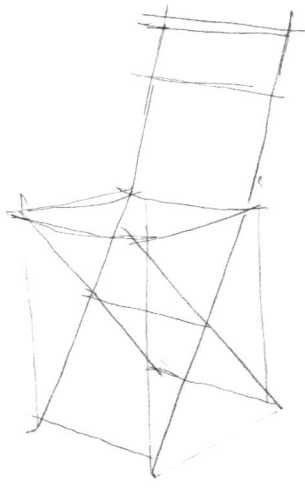

1. En primer lugar dibuja un esqueleto de líneas que te aporte la forma general de la silla, sin preocuparte por los detalles. En esta fase, consigue hacer bien la forma cúbica, proyectando las líneas del asiento hacia abajo, hasta que se junten con las patas. Las piezas laterales cruzadas que conforman las patas de la silla se juntan más o menos a la mitad del cubo.

2. Ahora, con detenimiento, dibuja una forma más tridimensional, mostrando las piezas de las que está construida la silla de metal. En esta fase, utiliza la goma siempre que sea necesario hasta que las formas sean correctas.

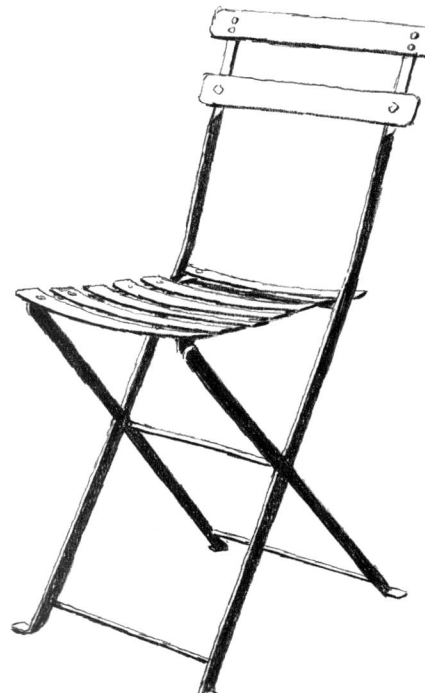

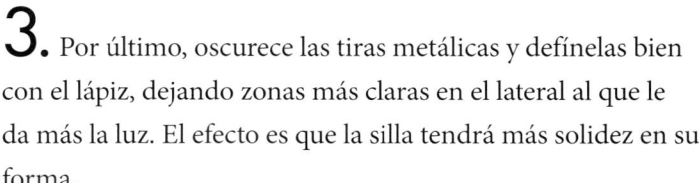

3. Por último, oscurece las tiras metálicas y defínelas bien con el lápiz, dejando zonas más claras en el lateral al que le da más la luz. El efecto es que la silla tendrá más solidez en su forma.

No ser menos que el vecino

Ahora intenta dibujar uno de los objetos domésticos más grandes con los que puedes encontrarte. Hay muchos coches por todas partes, incluso si no tienes uno. Yo ya estoy cansado de hacer dibujos de mi coche, así que salí a la calle para encontrar uno con unas formas más interesantes.

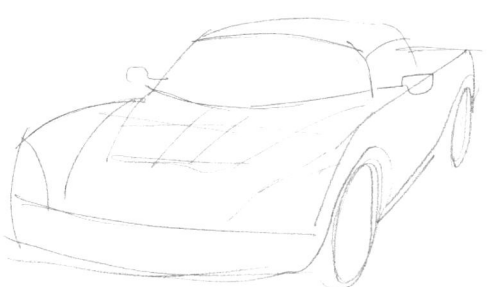

1. Lo primero es encontrar un buen ángulo para dibujarlo. En mi caso, elegí prácticamente una vista frontal, pero tu debes tomar tu propia elección. Consigue plasmar primero la forma general, definiendo los rasgos más obvios del vehículo, sin olvidar las ruedas. Tómate el tiempo necesario para hacerlo, ya que vale la pena trazar bien la forma y establecer las proporciones antes de añadir los detalles.

2. Cuando estés satisfecho con la forma del vehículo, sencillamente marca todas las secciones principales y empieza a aplicarle el tono. Puede que te resulte difícil, ya que los reflejos en el metal pulido y el cristal pueden ser muy difíciles de representar en el papel.

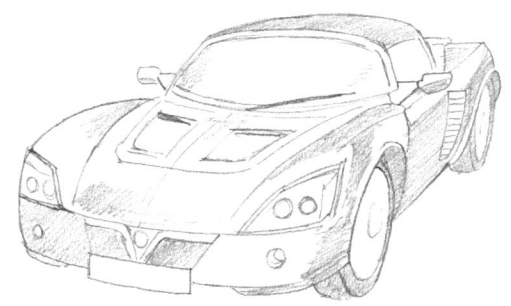

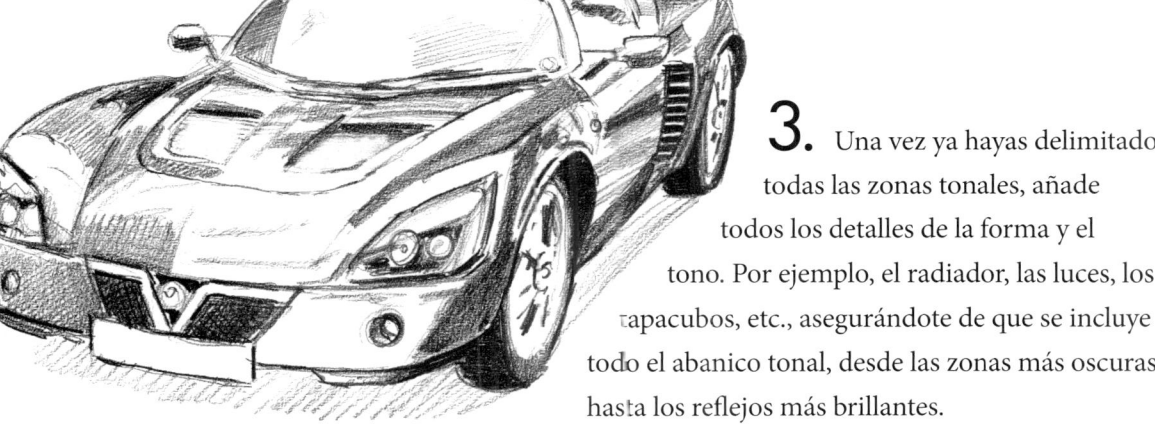

3. Una vez ya hayas delimitado todas las zonas tonales, añade todos los detalles de la forma y el tono. Por ejemplo, el radiador, las luces, los tapacubos, etc., asegurándote de que se incluye todo el abanico tonal, desde las zonas más oscuras hasta los reflejos más brillantes.

El material

Mostrar cierto conocimiento de la constitución de los materiales en las naturalezas muertas hará que el dibujo final sea más convincente. Hay técnicas muy conocidas para dibujar y hacer que el material quede bien plasmado. Aquí mostramos algunos ejemplos.

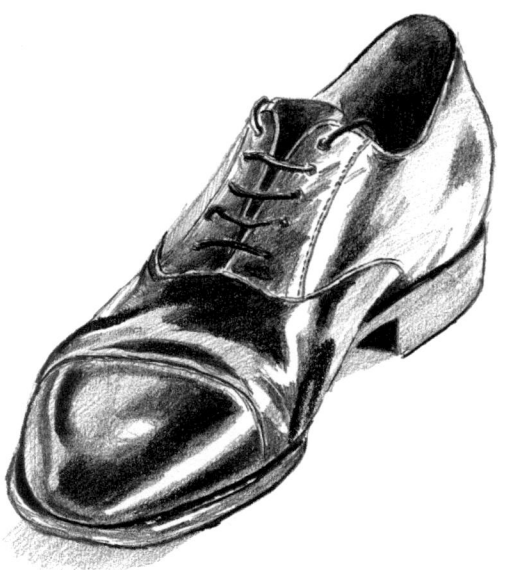

Cuero, mate o brillante

Este zapato en particular es oscuro y está bien pulido, así que hay fuertes contrastes entre las zonas iluminadas y las zonas oscuras. Estúdialo con atención y observa cómo las zonas iluminadas y las zonas oscuras definen la forma del zapato, así como su material. Ten en cuenta que las zonas más oscuras suelen estar justo al lado de las zonas más brillantes, para conseguir el máximo contraste.

Cristal, ¿qué lo hace convincente?

La forma de este vaso, contra un fondo, queda definida gracias a que el vaso atrae todos los reflejos de la zona que le rodea. Observa cómo una sección del borde tras el cristal queda visible pero de forma distorsionada (reflejada) debido al grosor del material y a su superficie curvada. Asegúrate de que cuando dibujes el contorno del vaso esté bien delineado, ya que esta forma exterior es la que mantiene la solidez en este juego amorfo de reflejos. También es importante percibir cómo los brillos más luminosos se dan en solo una o dos pequeñas áreas. No caigas en la tentación de poner demasiados reflejos o el vaso perderá su transparencia.

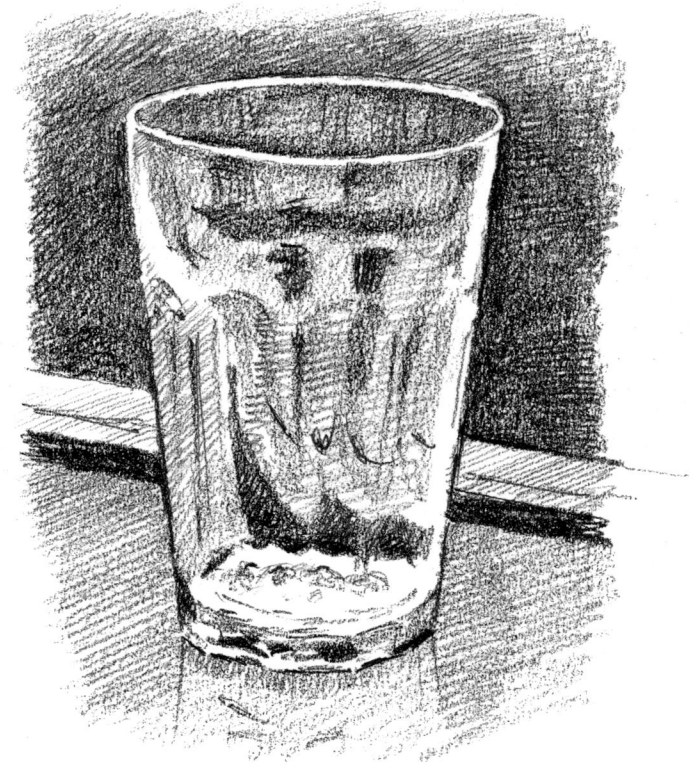

Metal, fuertes reflejos

El objeto de metal que he elegido es una pieza de cocina que capta muchos reflejos, una olla reluciente. Una vez hayas dibujado la forma con precisión, tendrás que decidir hasta qué punto vas a mostrar los reflejos. Tal y como vimos con el coche en la página 21, los reflejos de este tipo de superficie pueden ser muy complicados de plasmar, así que sería razonable simplificarlos en cierta medida. Asegúrate de representar todas las zonas de luz y oscuridad y, una vez más, haz que las zonas más brillantes estén justo al lado de las zonas más oscuras. El interior de la olla no muestra tantos reflejos y la diferencia entre interior y exterior debería quedar clara. La sombra proyectada también es importante porque se refleja en la superficie de la olla y refuerza la ilusión de trimensionalidad.

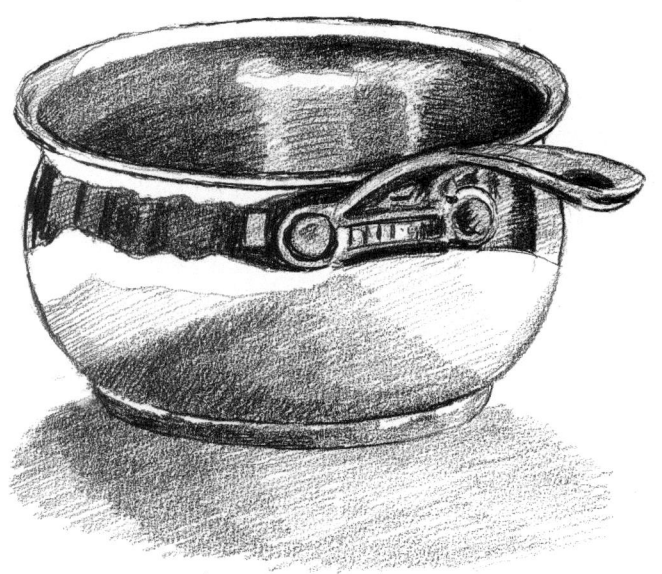

Mimbre, fuerte textura

Esta textura en concreto requiere de un dibujo minucioso para conseguir el efecto general. En el lado positivo podríamos decir que las formas de mimbre trenzado son de naturaleza repetitiva, así que una vez ya le cogemos el truquillo, nos será fácil completar el dibujo. La sombra en la parte inferior y en el lateral deberían ayudar a darle un aspecto tridimensional.

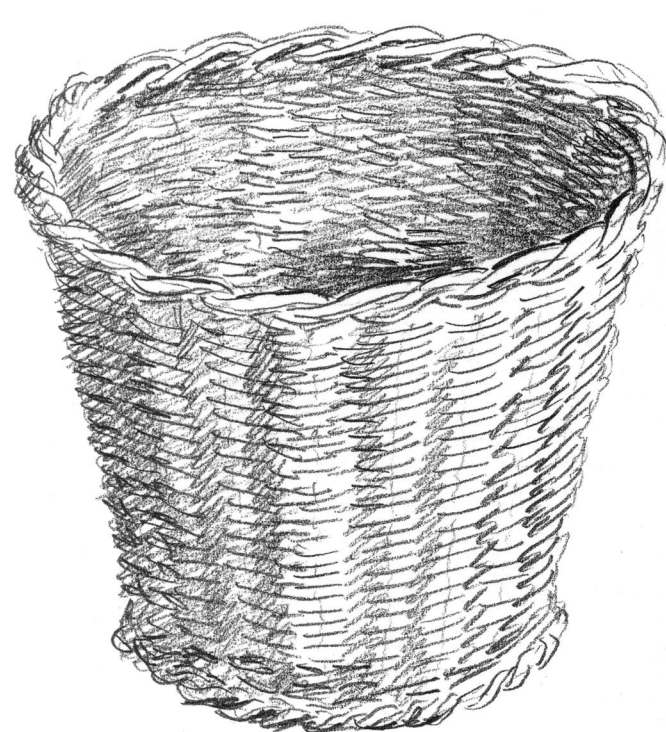

Cerámica, dura pero suave

Esta botella de cerámica no debería ser difícil de dibujar porque su superficie no muestra tantos reflejos como otros materiales que hemos visto y su forma es bastante recta. Lo importante es garantizar que la gradación de tono en la botella no hace que tenga un aspecto muy duro e intentar crear un poco de textura con los trazos en lápiz alrededor de los contornos para imitar la superficie estriada.

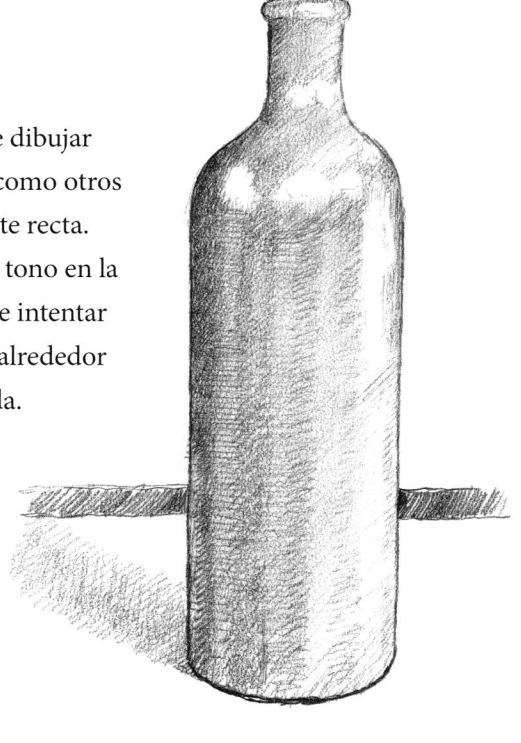

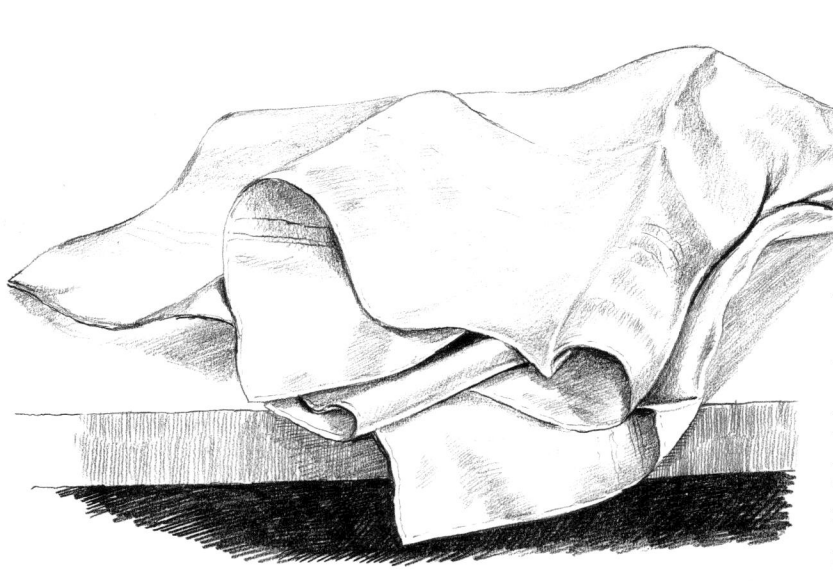

Textiles: seda, superficie suave

El siguiente artículo es un pañuelo de seda. Una vez más, no es difícil de dibujar, aunque requiere prestarle mucha atención al acabado final, con tonos suaves. Los pliegues en la seda tienden a ser redondeados y suaves, mucho más que en otro tipo de material.

Textiles: pana, textura recia

Esta camisa de pana está hecha de un material un tanto tieso y dicha cualidad debería mostrarse en los pliegues. También tiene una textura distintiva en su superficie que hace que sea distinta a otros tejidos. No hace falta trazar cada detalle en la superficie pero debería haber unas zonas con más sombra donde el tono debe aplicarse con mayor profundidad.

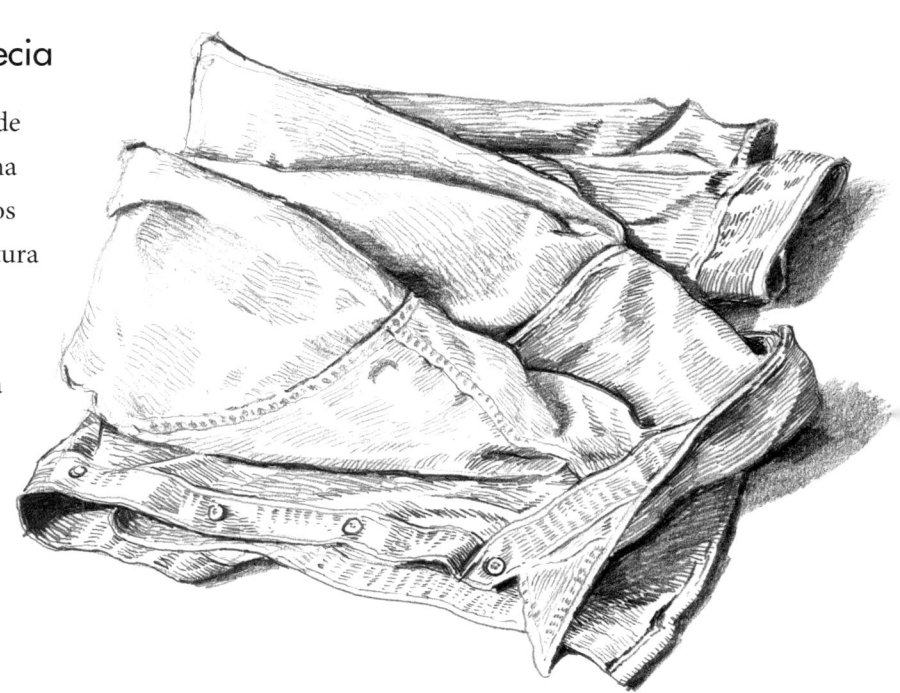

Papel, superficies abolladas

A diferencia de la mayoría de tejidos que llevamos, el papel arrugado muestra unos pliegues muy pronunciados. Esa es su principal diferencia con los tejidos. Otra característica del papel es que refleja muy bien la luz y, por consiguiente, hay pocas sombras profundas.

Hortalizas, dibuja lo que comes

La fruta y las hortalizas son unos protagonistas
magníficos en dibujos de bodegones y naturalezas
muertas y aquí tenemos varios ejemplos. Un
cuenco con tomates nos aporta la sensación de
la piel brillante de esta hortaliza. El principal
objetivo aquí es equilibrar los tonos oscuros y
claros para conseguir una impresión convincente
de la superficie curvada.

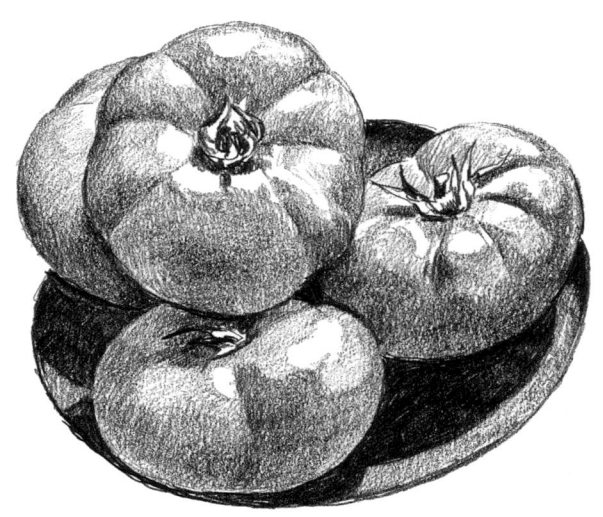

La coliflor ya es un elemento diferente, con
unas hojas con unas venas muy marcadas y un
centro cremoso y abultado. Ninguna parte de la
superficie de esta verdura es suave y hay un fuerte
contraste entre las hojas, más oscuras, y el centro,
blanco.

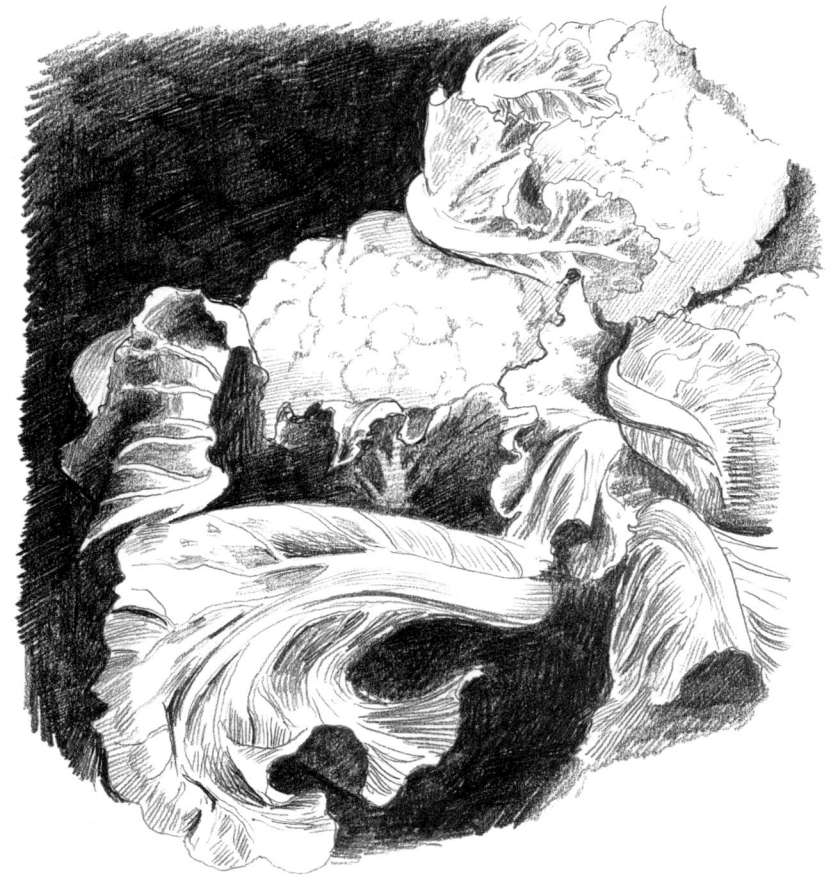

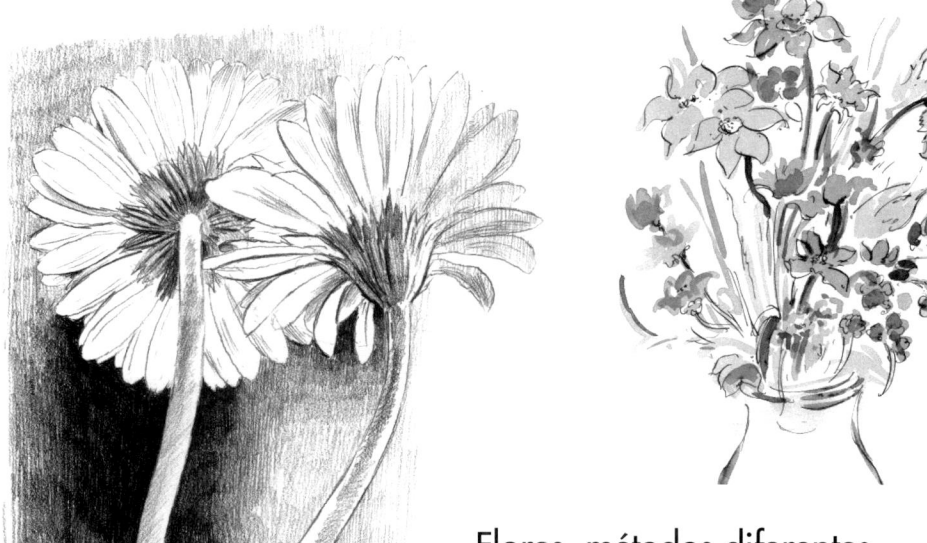

Flores, métodos diferentes

Aquí hay dos enfoques a la hora de dibujar plantas.

Para elaborar el primer dibujo (arriba a la izquierda), échale un vistazo muy de cerca a la forma atrevida de la flor y dibújala con el mayor detalle posible. Dibújala en un formato grande.

A continuación, a modo de contraste (arriba) intenta dibujar el cuello de un jarrón con flores y dibújalo con ligereza, con trazos ondulados. No te preocupes por los detalles, sino que debes centrarte en conseguir ese aspecto de fragilidad de las flores. En este caso, podemos aplicar la máxima de *menos es más*, porque no queremos que dibujes en exceso los elementos, así que manten las marcas sueltas, a modo impresionista.

Estas rosa y clemática presentan formas interesantes y complejas que deben estudiarse con atención para trasmitir su delicada textura.

//// Sencillas naturalezas muertas

No resulta difícil realizar una composición de objetos para representar una naturaleza muerta, pero aún así conviene dedicarle un poco de tiempo para realzar su valor estético. Si eres un principiante, es buena idea ir acumulando poco a poco objetos e ir pensando en cómo quedaría la composición final. Aquí empecé eligiendo objetos que le plantean al artista problemas de dibujo que debe resolver.

Empecé dibujando los lápices que tenía encima del escritorio de mi estudio, de manera que ya se me planteó el problema de dibujar un conjunto de lápices dentro de un frasco de cristal. Tuve que encontrar la manera de dibujar la transparencia del frasco y la variedad de las puntas de los lápices sobresaliendo. Se trataba de un dibujo con cierta dificultad sin ser muy laborioso.

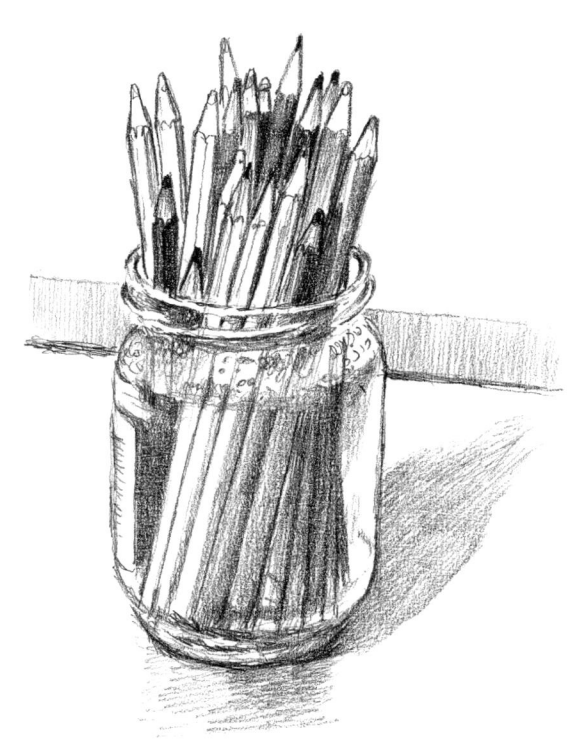

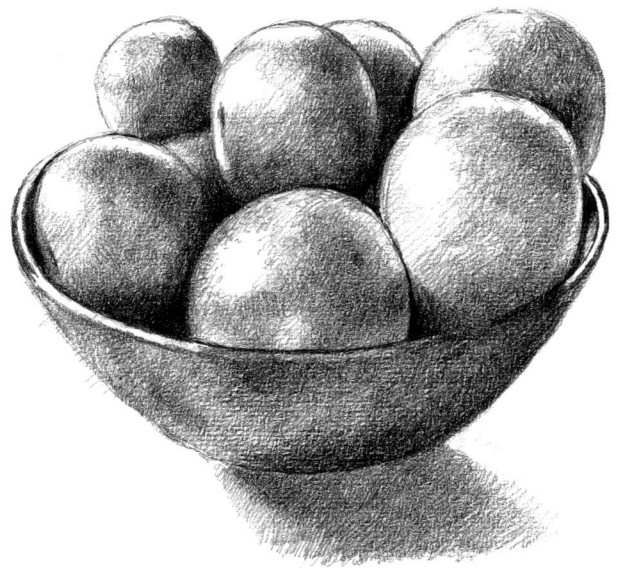

A continuación, elegí un frutero con naranjas que tenía en la cocina. La fruta en un frutero es un tema tradicional en la composición de bodegones y presenta el problema de dibujar objetos esféricos contra los laterales del frutero.

Estos dos temas pueden utilizarse para plasmar una naturaleza muerta sin ningún otro objeto. Lo único que necesitarás es un poco de espacio de fondo para mostrar la calidad de tu dibujo.

A continuación dibujé un jarrón de cristal con una rama de jacinto dentro. Se trata a la vez de un tema sencillo, pero complejo porque, si bien solo hay una flor en el jarrón, este está hecho de cristal, que puede ser difícil de dibujar bien y la flor es en realidad un tallo con una serie de pequeñas florecillas. Hay dos fases para plasmar el tema. La primera consiste en dibujar los contornos de la forma y después empezar a crear valores tonales para que la pieza acabada parezca que existe en su propio espacio.

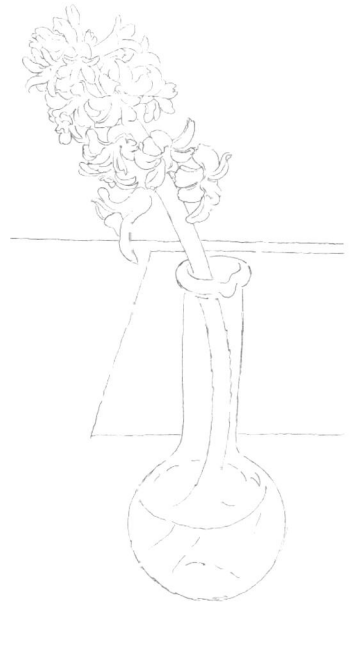

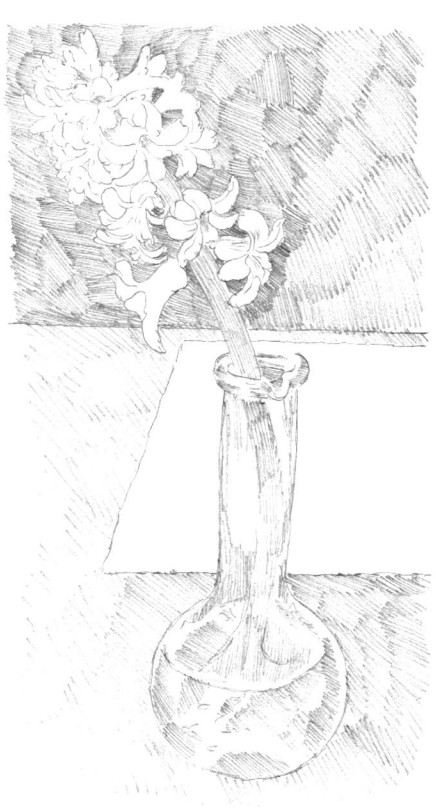

Primero crea un tono claro en todas las zonas donde habrá sombra, dejando en blanco los reflejos.

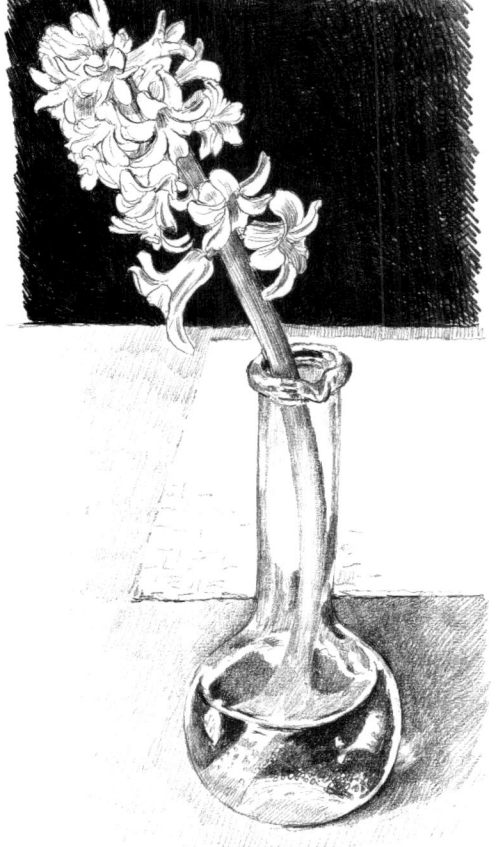

A continuación, crea mayores profundidades tonales para que los objetos tengan su propia vida. Ten en cuenta cómo he situado las flores frente a un fondo oscuro para resaltar su luminosidad. El jarrón de cristal tiene un fondo mucho más claro para que el dibujo del cristal fuese más fácil. Dibuja todas las distorsiones que el agua y el cristal producen para dar una impresión convincente de sus cualidades.

Composiciones accidentales y composiciones meditadas

Las naturalezas muertas de estas dos páginas ya estaban así, tal cual, esperando a que alguien se interesase por ellas. Se trata de uno de los beneficios de esta temática, que puedes plasmar los objetos que ves por todas partes. Quizás desees realizar ligeras alteraciones para obtener la composición deseada, o sencillamente dibujar las composiciones tal y como están.

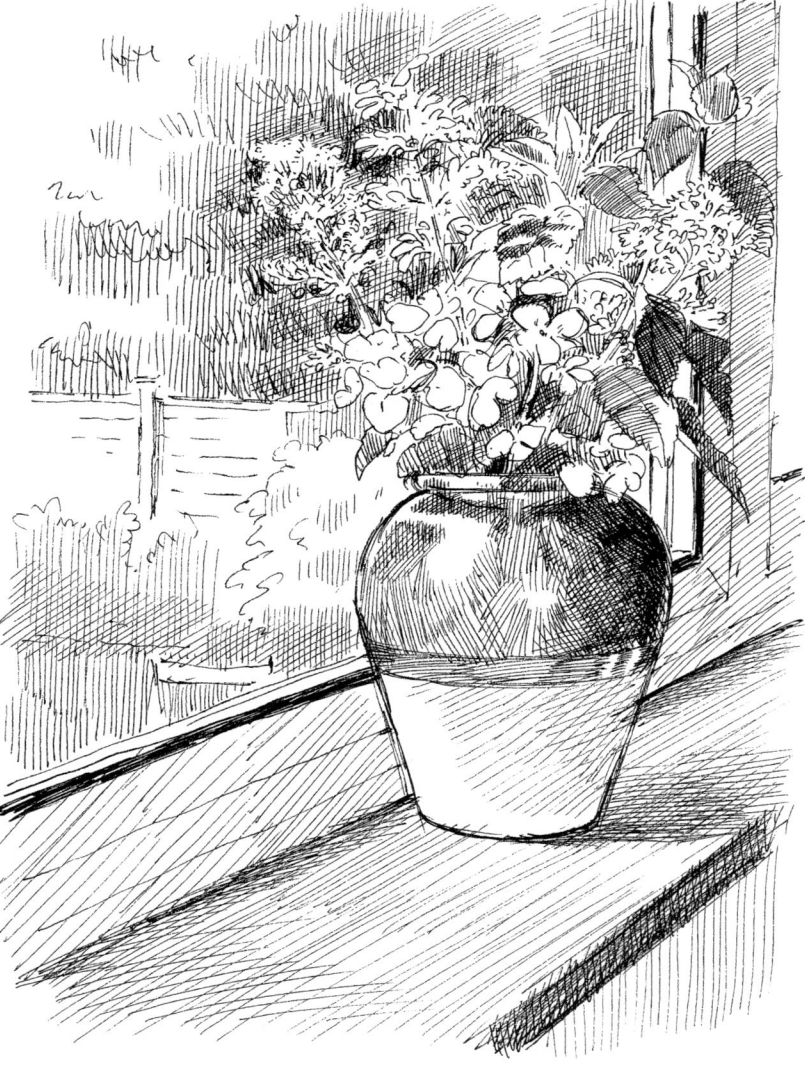

Aquí tenemos un jarrón de flores sobre el poyete de una ventana. Se puede ver la perspectiva de la superficie sobre la que está, el modo en el que la luz del exterior ilumina los objetos y, como telón de fondo, el jardín que se ve a través del cristal de la ventana.

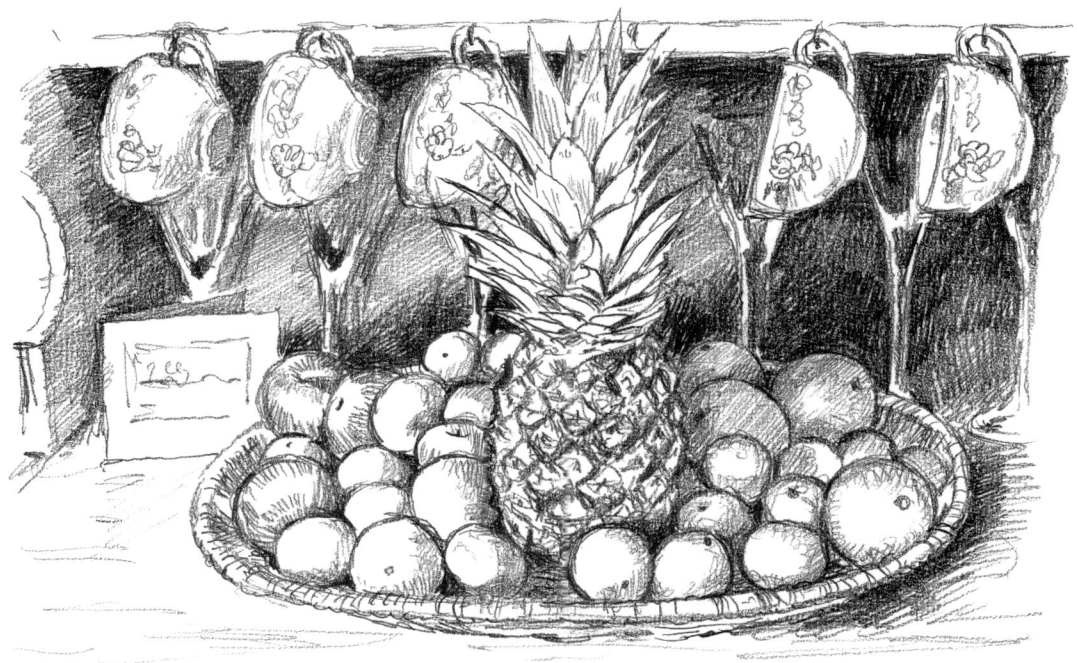

La siguiente composición es mucho más compleja. Consiste en varias tazas colgadas en un aparador, con copas bajo la estantería y un gran frutero repleto de fruta en el medio, dispuesto con detenimiento. Sin duda, se asemeja más a los bodegones tradicionales que los artistas llevan pintando durante siglos.

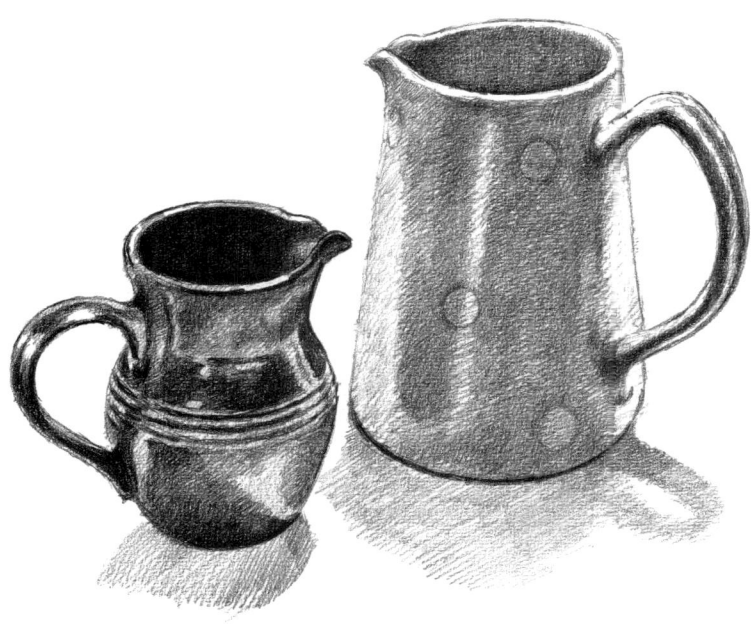

La siguiente elección requirió de más consideración. Encontré por casa dos jarras de diferentes formas y medidas y las puse una al lado de la otra, girándolas de modo que los pitorros se mirasen. El hecho de que una fuese más baja, más curvada y más oscura, mientras que la otra es más esbelta, recta y luminosa, fueron elementos de peso en mi elección. Así puedo demostrar cómo realizo juicios estéticos incluso sobre objetos sencillos, mientras que en los dos ejemplos anteriores me había limitado a dibujar objetos casi tal cual estaban.

Naturalezas muertas efímeras

Una de las atracciones de las naturalezas muertas es la escena cotidiana que suelen representar: una bandeja de té, un abrigo apoyado en el respaldo de una silla… Incluso el dibujo más sencillo puede transmitir una sensación hogareña y acogedora.

Aquí mostramos una naturaleza muerta centrada en la cocina, en un formato alto, visto contra la luz que entra por una ventana cercana. Es un dibujo bastante rápido, ya que seguramente es una composición temporal.

Un juego de té es el tema de la siguiente composición, en su forma más sencilla, ya que está compuesto únicamente por una taza, un platillo, la tetera y la jarrita de la leche. Son objetos cotidianos que pueden verse en cualquier casa.

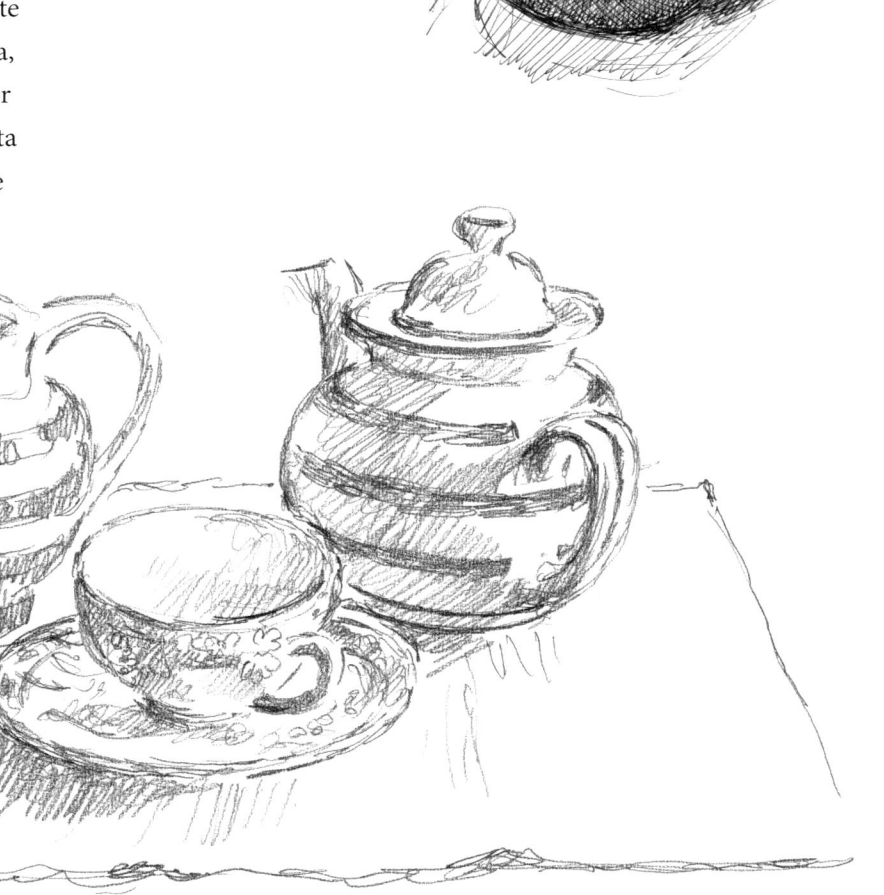

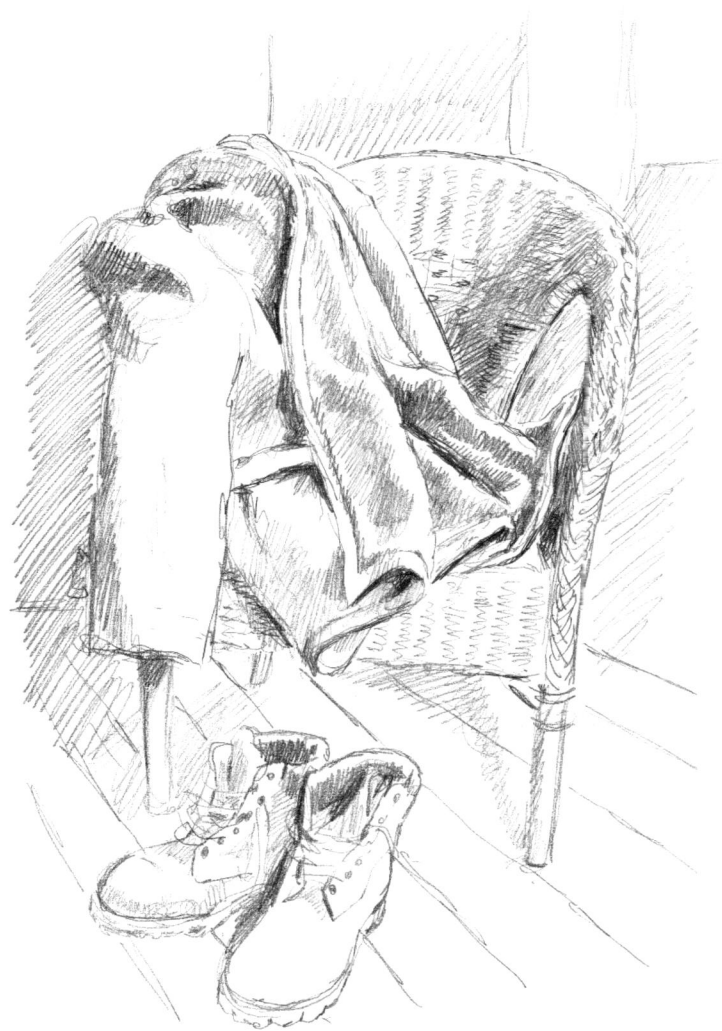

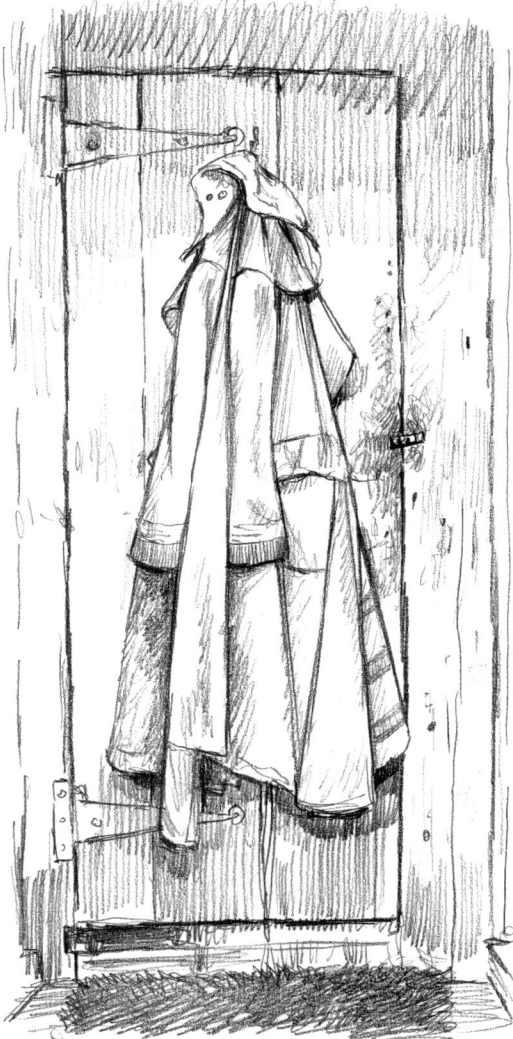

En este caso observamos dos composiciones de
naturalezas muertas que utilizan el efecto de la ropa vista
en su entorno. En el lado derecho vemos una puerta,
parece que exterior, con una prenda que tiene aspecto
pesado, como si fuese una gabardina. En el dibujo de
arriba hay un abrigo que trasmite la apariencia de grueso
apoyado en una silla de mimbre y un par de botas al
lado, en el suelo. Nos da la impresión de que en cualquier
momento va a entrar alguien a cogerlas.

///// Formas negativas

En un dibujo no hay espacios como tales, los espacios entre medio y alrededor de los objetos son tan importantes como las formas de los objetos propiamente. Estos espacios intermedios se llaman espacios negativos y, cuando se trata de crear composiciones más complejas que requieran varios objetos, su observación te ayudará a dibujar con más precisión.

Aquí tenemos un grupo de naturalezas muertas que quizás te apetezca dibujar. Tu primer instinto será intentar dibujar cada objeto por separado, de forma independiente, esperando que al final se acaban relacionando bien.

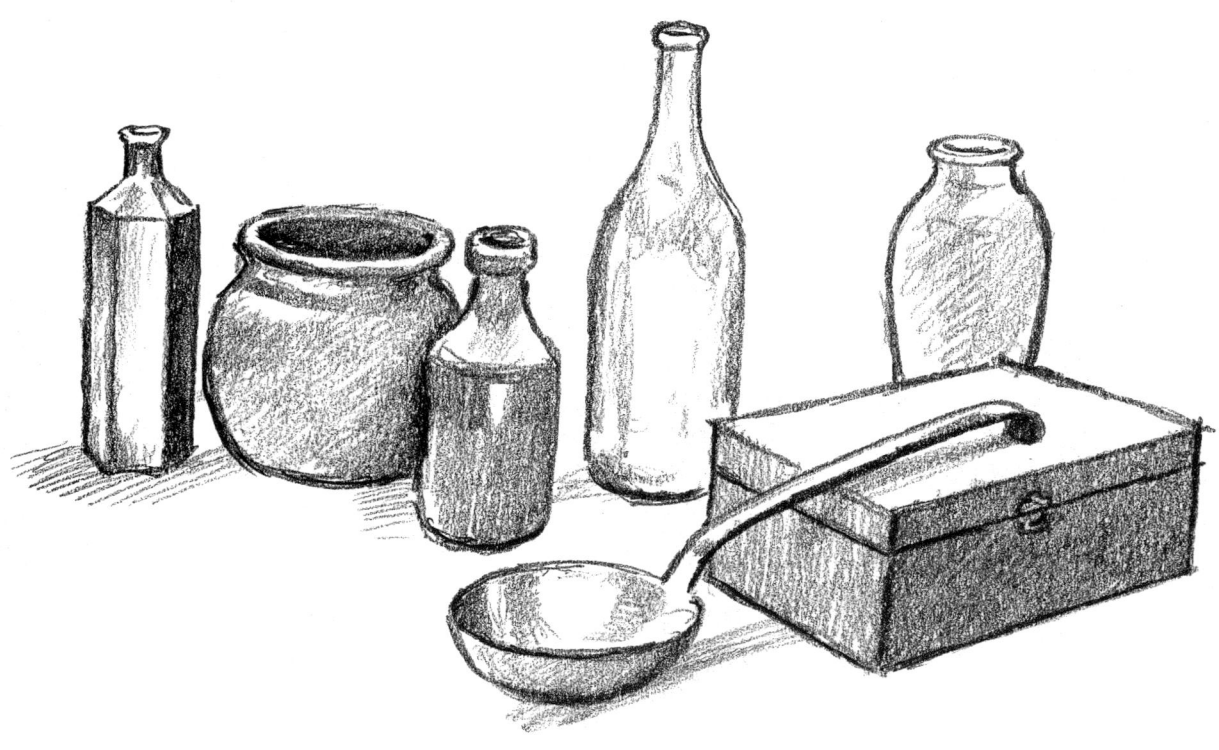

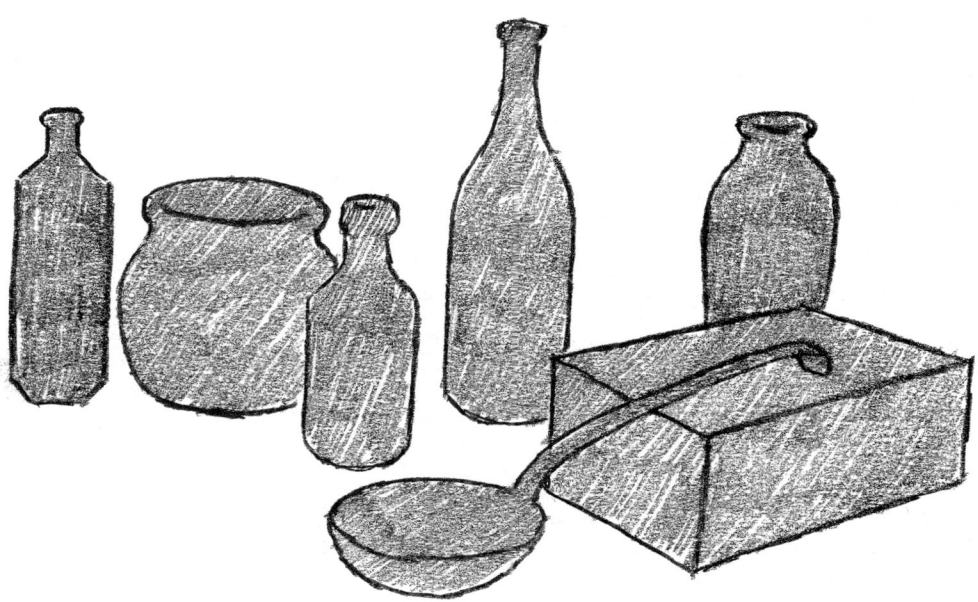

Si vemos el grupo de objetos dibujados en un tono
uniforme podremos entender mejor las formas
positivas y su interrelación.

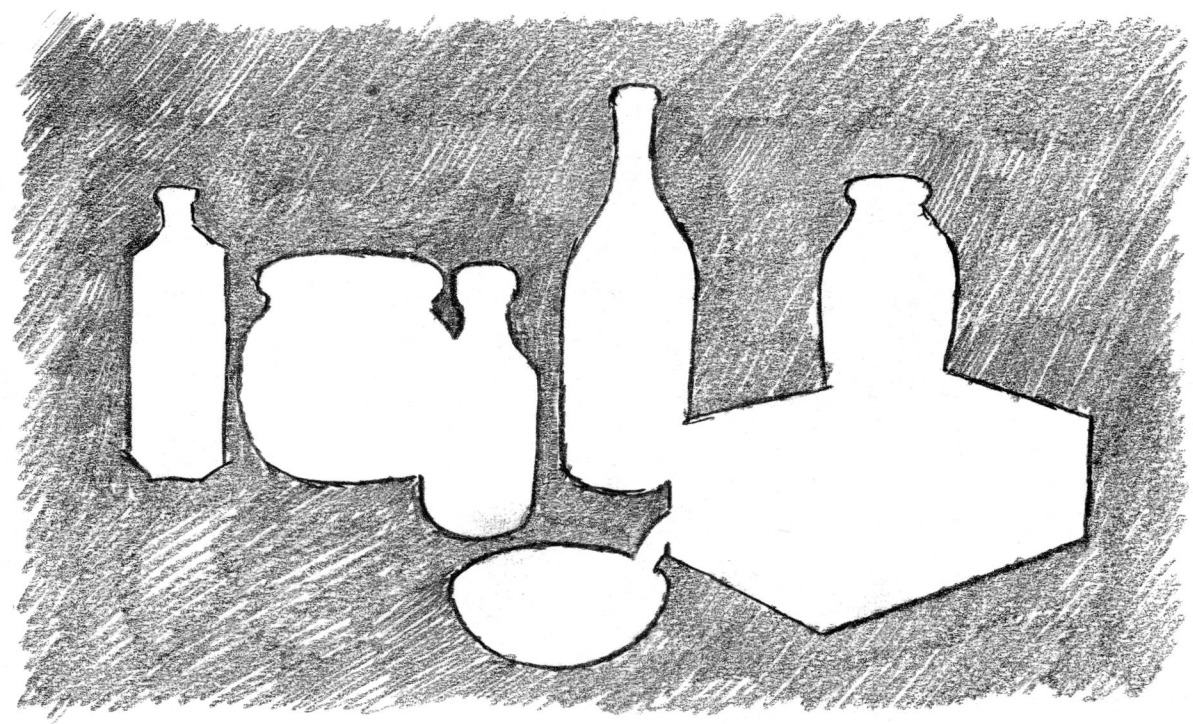

En el ejemplo superior, se puede observar cómo el
dibujo de las formas negativas describe las formas
de los objetos y cómo se sobreponen entre sí.

Ejemplos de los grandes maestros del arte

Podemos aprender muchísimo si estudiamos el trabajo de los grandes pintores de todas las épocas. Aquí exponemos cuatro composiciones de naturalezas muertas que, pese a su simplicidad, tienen detrás una minuciosa composición y ejecución.

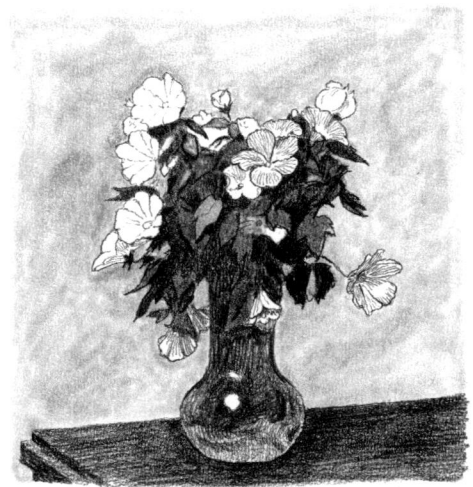

En la obra de más abajo, William Brooker (1918-83) ha abordado el tema en un modo inimitable. Ha situado el jarrón con una única rosa en el borde de la mesa, cubierta por un mantel bien planchado con una fuerte forma triangular en la esquina que queda bajo la mesa. Ha mantenido las zonas de tono con gran simplicidad, casi planas, de modo que la composición tenga un aspecto abstracto. Este enfoque frío y sin pasión de un tema cotidiano le resta cotidianidad.

Encima hay una naturaleza muerta que, aparentemente, tiene una composición sencilla. Ahora bien, no es fácil conseguir este grado de sensibilidad. Tenemos que advertir el cuidado con el que Henri Fantin-Latour (1836-1904) aplicó los distintos tonos en las hojas, todos más oscuros que las flores. El contraste entre las flores y las hojas, el jarrón y la parte superior de la mesa aporta un sentimiento de fragilidad a las flores.

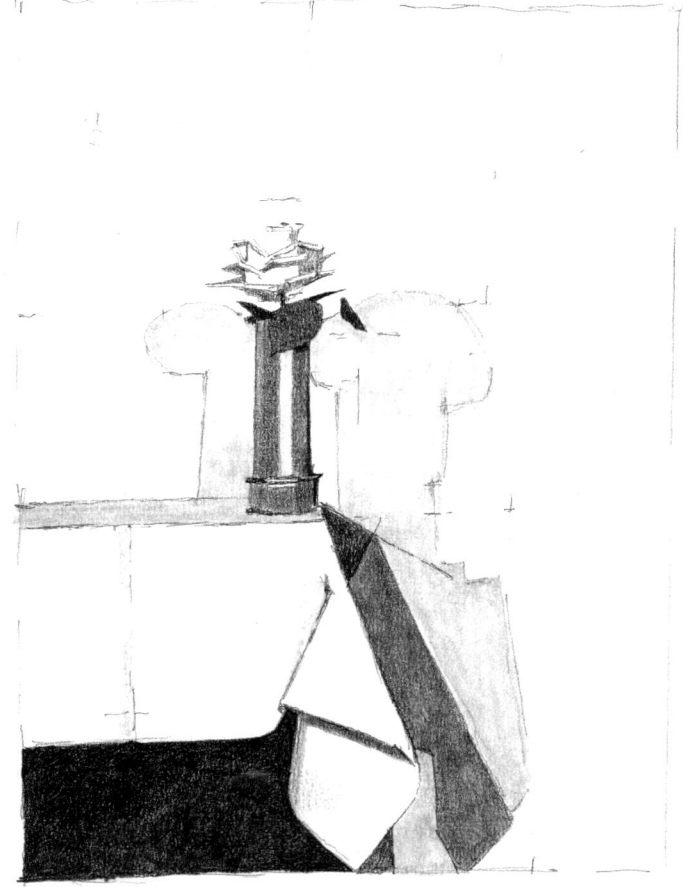

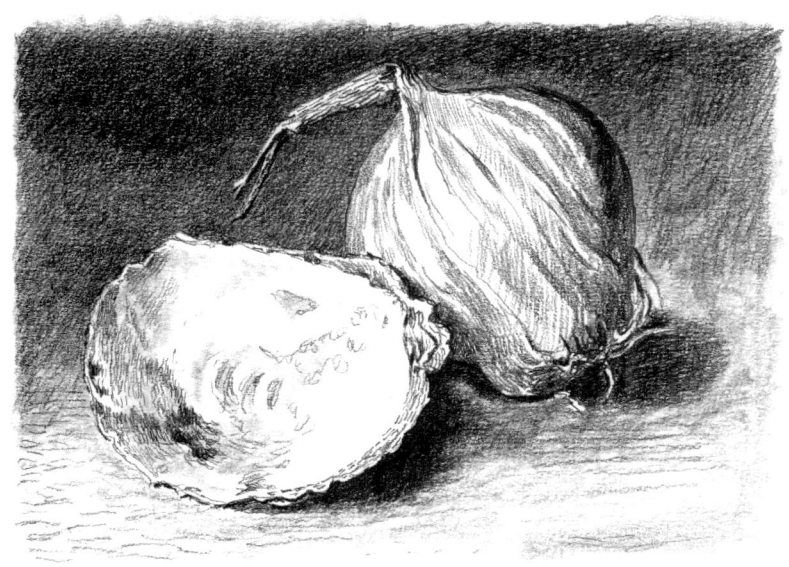

Aquí William Henry Hunt (1790-1864) situó la concha de una ostra y una gran cebolla juntas en una superficie con un fondo más oscuro. Logró sacarle el máximo partido a las distintas texturas de modo que el estudio de la materia tiene mucha fuerza. Se trata de un buen enfoque para plasmar una naturaleza muerta intensificando la experiencia del espectador.

Este ejemplo es de William Nicholson (1872-1949). Aquí el artista muestra una jarra y un vaso iluminados fuertemente desde la izquierda contra un fondo claro. Debido a la fuerte iluminación, los objetos prácticamente se funden con el fondo, de modo que solo las fuertes marcas de sus superficies les aportan solidez. Limitar los objetos de esta forma aumenta la intensidad con la que se puede contemplar una naturaleza muerta.

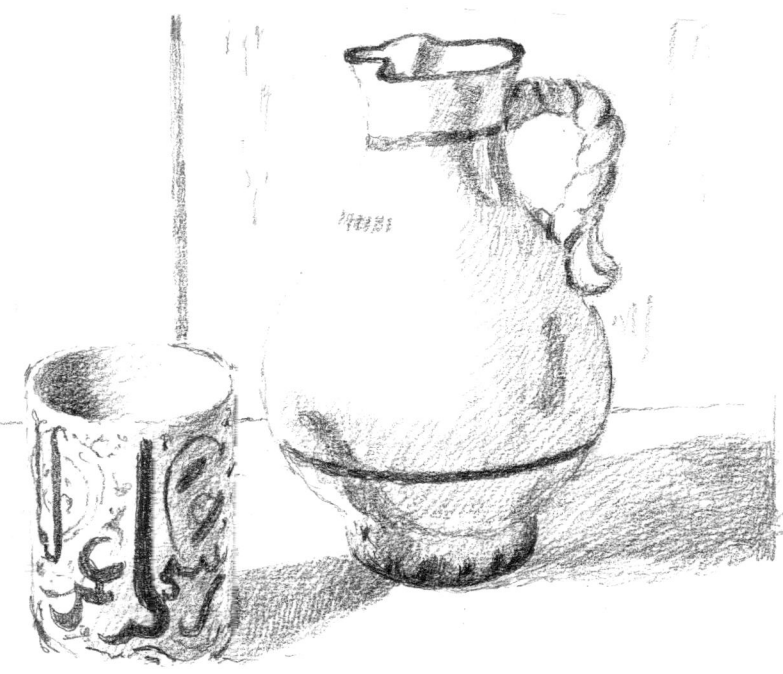

Un proyecto de naturaleza muerta

Los dibujos de estas páginas muestran cómo se puede seleccionar un tema para una naturaleza muerta. Recuerda que conviene dedicarle un tiempo a las ideas antes de elegir una composición y progresar a lo largo de las distintas fases de dibujo hasta llegar al resultado final.

Elegir el tema

El primer paso es observar con atención tu casa y contemplar las distintas posibilidades. Yo empecé yendo al jardín cerca de mi estudio y allí vi una regadera vieja y empecé a dibujarla. En esta fase no tenía en mente la composición pero me pareció un buen inicio buscar objetos para una posterior composición de naturaleza muerta.

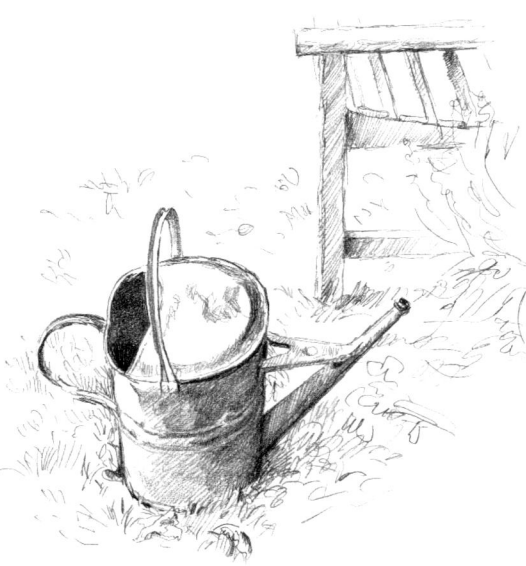

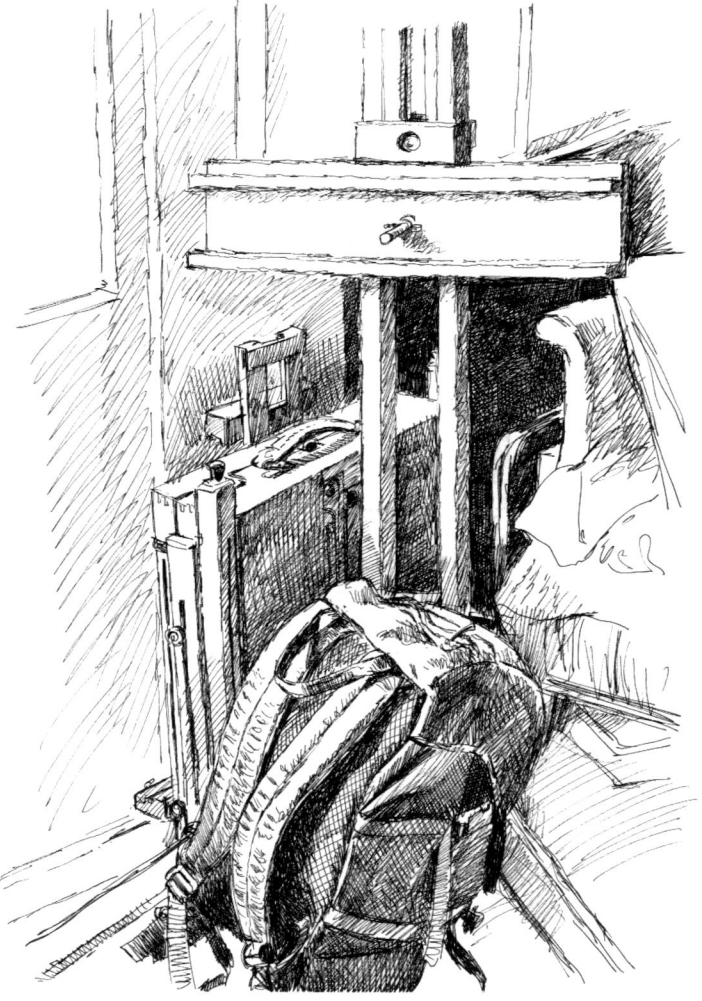

Dentro de mi estudio, consideré el caballete de la esquina con una caja de pinturas por detrás y una mochila llena de material de dibujo apoyada al lado. Me pareció un tema interesante pero con poca variación para mi gusto.

Al entrar en casa advertí un grupo de fotografías familiares, algunas macetas y un candelabro sobre una estantería. Me pareció una composición más trabajada pero tampoco era lo que buscaba.

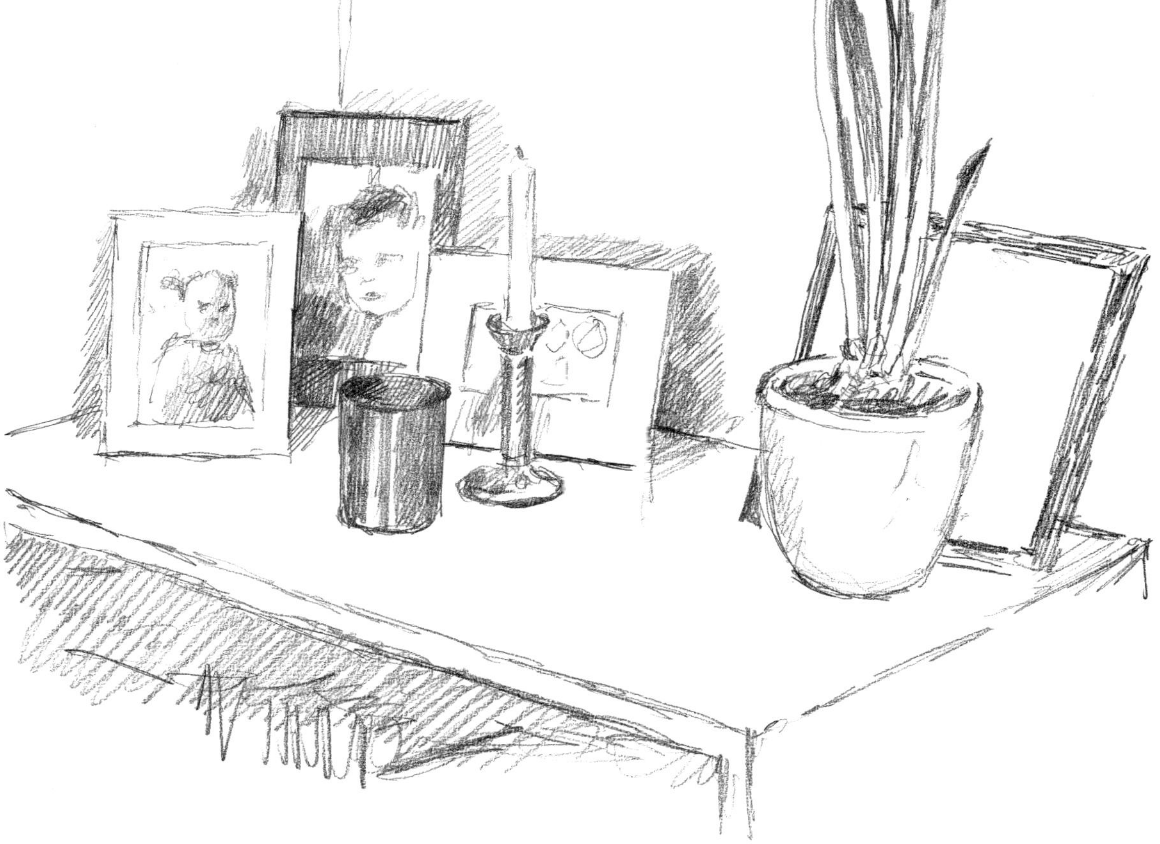

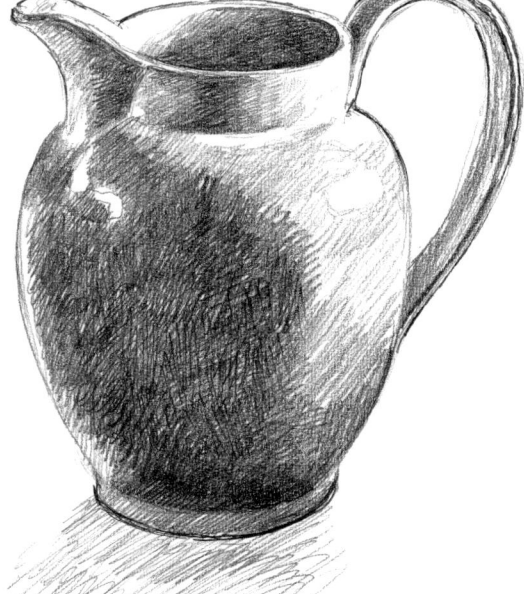

Después empecé a recopilar objetos que pensé que podrían formar un buen grupo. De la cocina cogí un mortero y su mazo y de un armario cogí una jarra bastante grande.

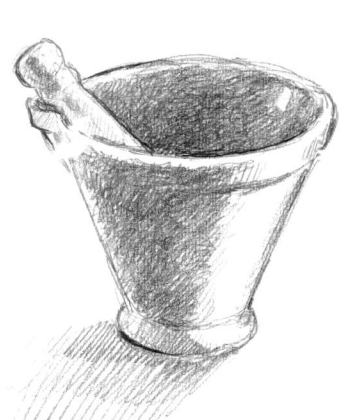

Dibujos preliminares

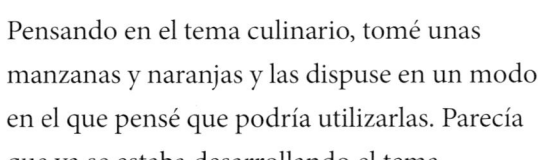

Pensando en el tema culinario, tomé unas manzanas y naranjas y las dispuse en un modo en el que pensé que podría utilizarlas. Parecía que ya se estaba desarrollando el tema.

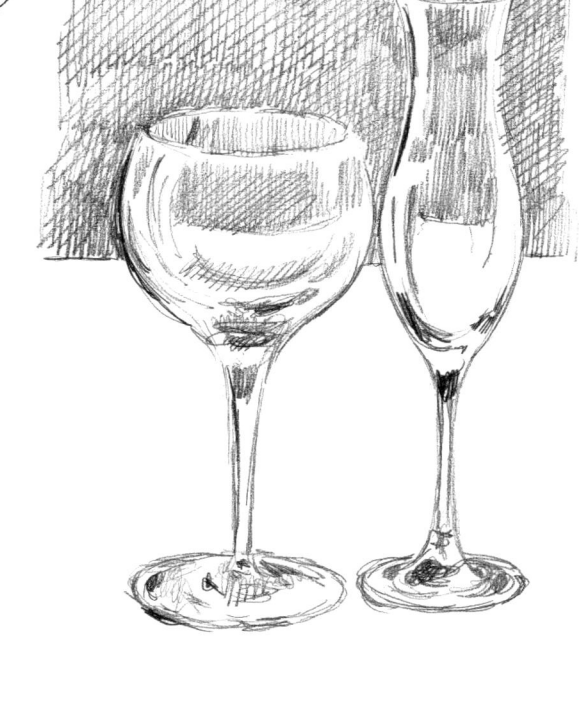

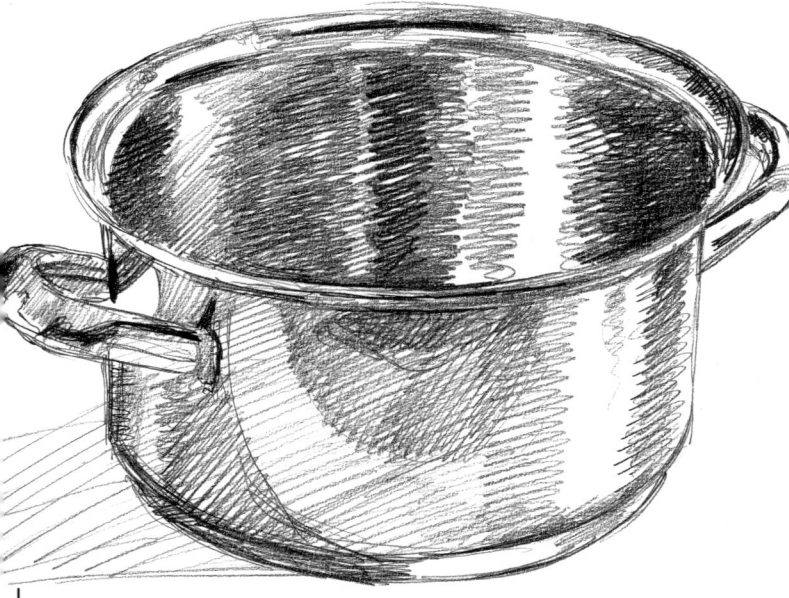

A continuación, siguiendo con mi idea, dibujé una olla grande y un par de copas de vino. Toda esta preparación me resultaba muy útil para trabajar la composición de una buena naturaleza muerta. Quizás requiere un par de días pero vale la pena cuando se quiere elaborar una buena pintura.

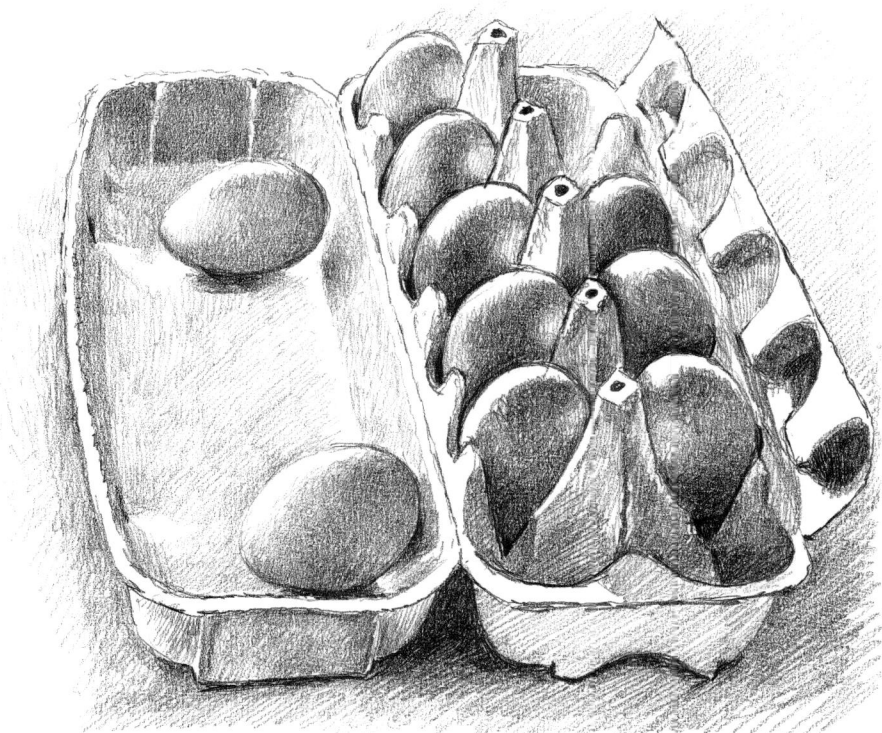

Después añadí un cuenco y, aportando alimentos de nuevo, una huevera con huevos que tenía en la nevera. Mi composición cada vez parecía encajar mejor.

Acto seguido puse una servilleta sobre la mesa para aportarle una textura diferente al cuadro.

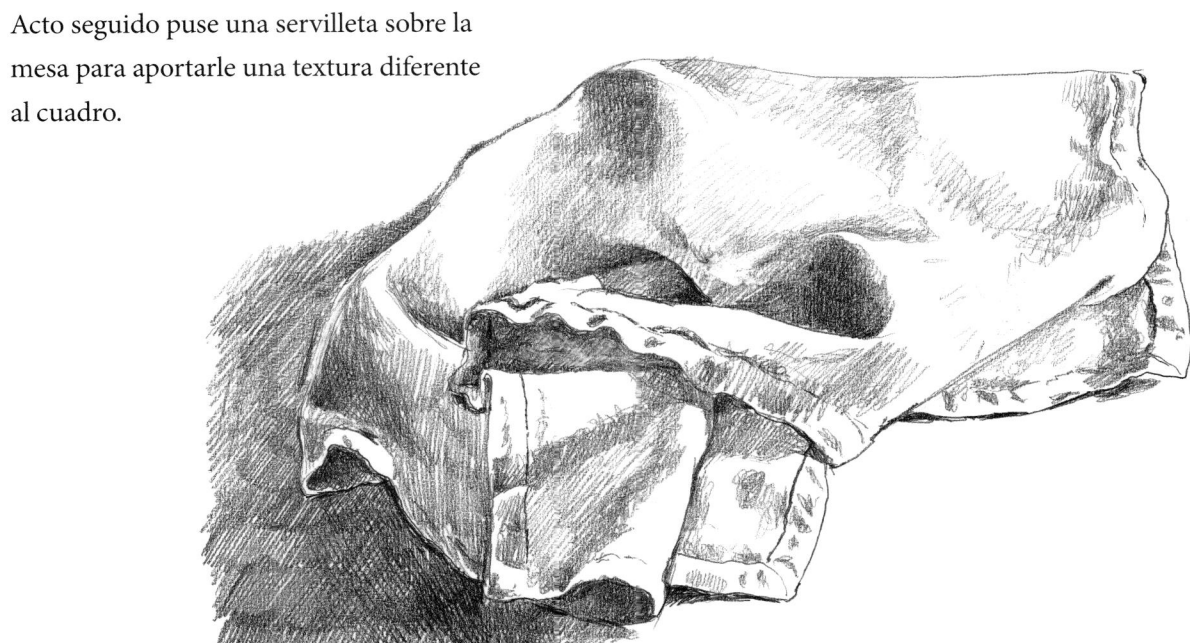

Elegir una composición

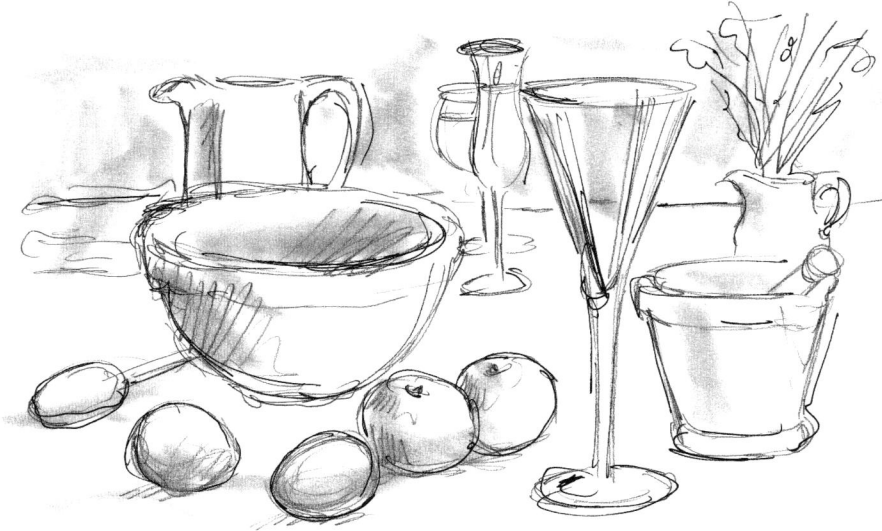

La siguiente fase fue elegir mis elementos individuales y ponerlos a prueba. Hice un boceto con garabatos para disponerlos juntos en un mismo papel.

Después probé con una composición mucho más sencilla, pero no estaba convencido de su interés.

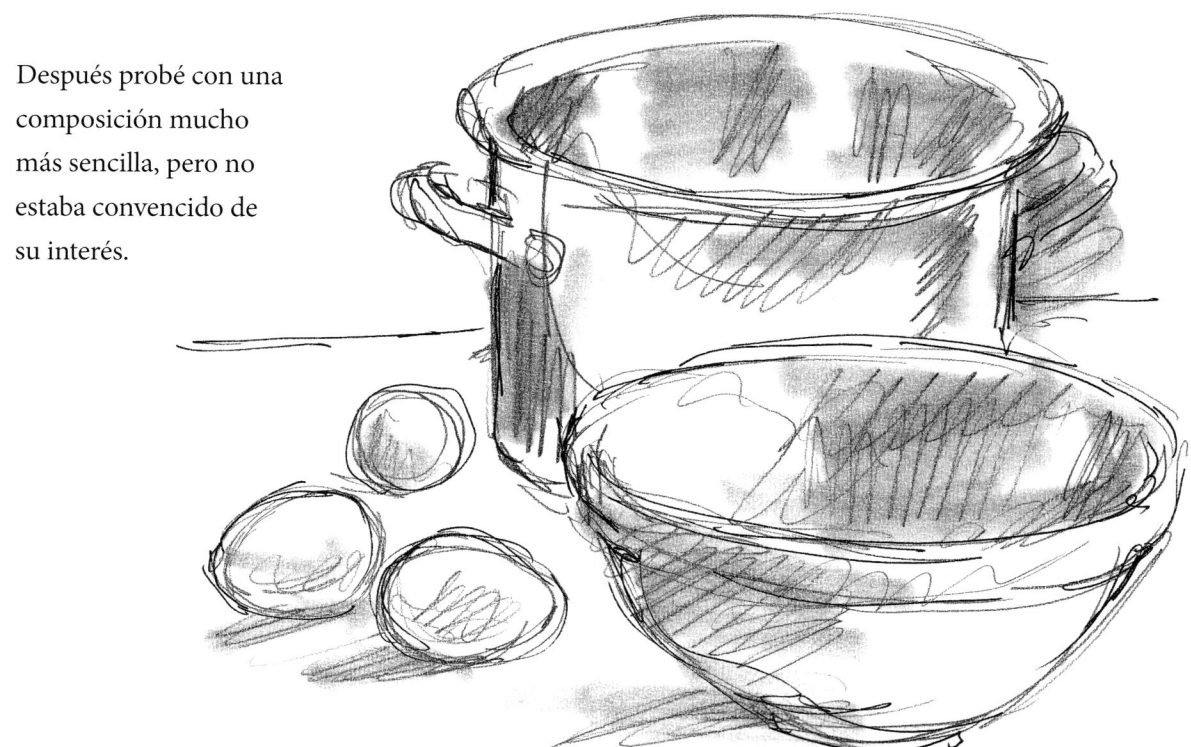

Así que puse a prueba otra disposición pero seguía sintiendo que no era exactamente lo que andaba buscando. Estos esbozos de varias composiciones nunca deben verse como una pérdida de tiempo porque ayudan a ver con claridad si son lo que estamos buscando.

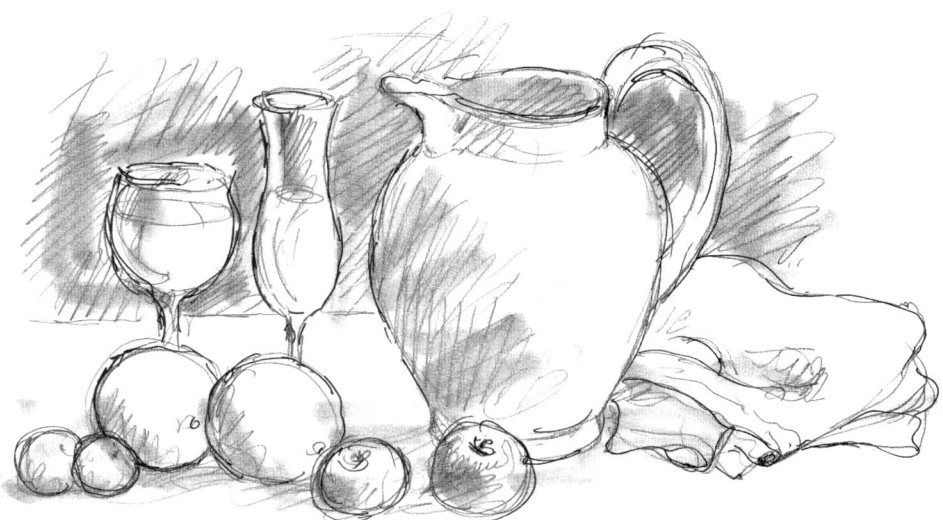

Por último di con una composición que empezaba a asemejarse a lo que tenía en mente. Todo este trabajo preparatorio puede llevar mucho tiempo antes de ponerse a dibujar la obra final, pero hay que detenerse para disponer todos los elementos juntos y dibujarlos para ver si es realmente lo que queremos. Cuando lo veas claro podrás proseguir.

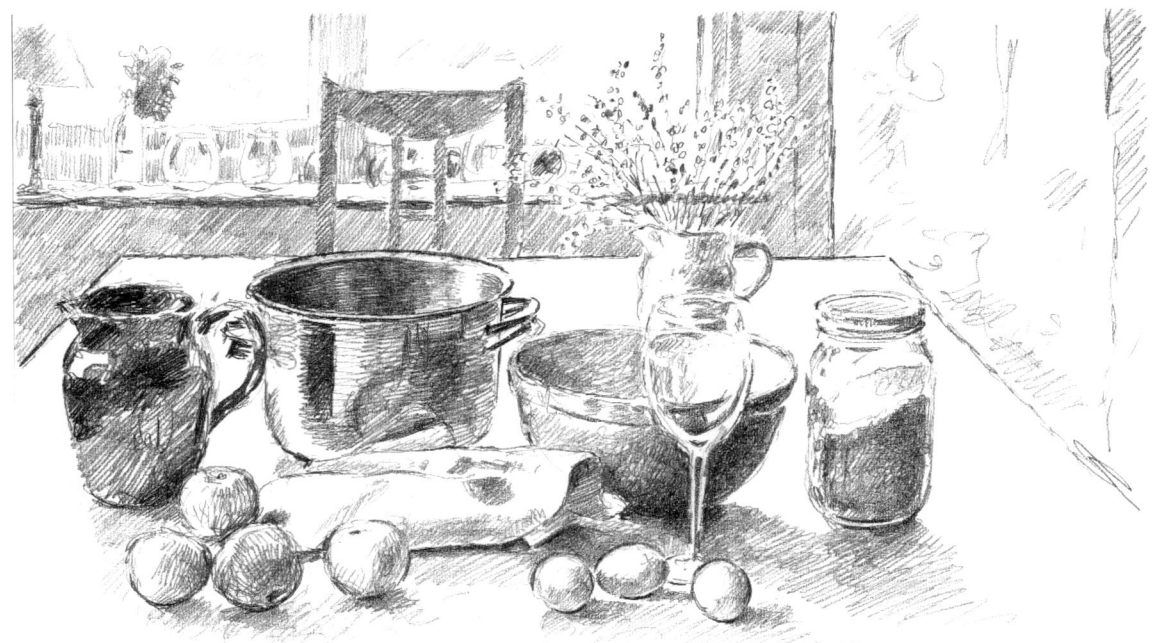

Composición final

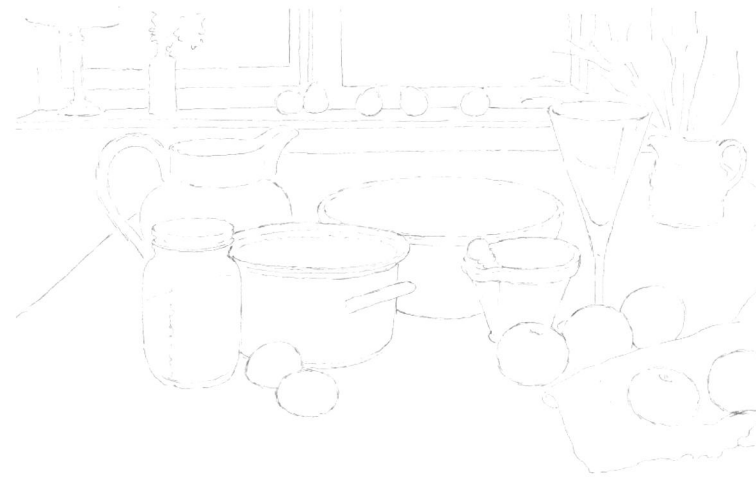

1. Ahora que ya tenía una idea clara del aspecto final de la composición dispuse con atención y cuidado todos los objetos que quería que apareciesen, a veces modificando un objeto por otro similar pero de un tamaño o estilo diferente. En esta fase dibujé el contorno de toda la composición, sin apretar mucho, corrigiendo en todo momento para llegar a obtener una imagen clara de toda la composición.

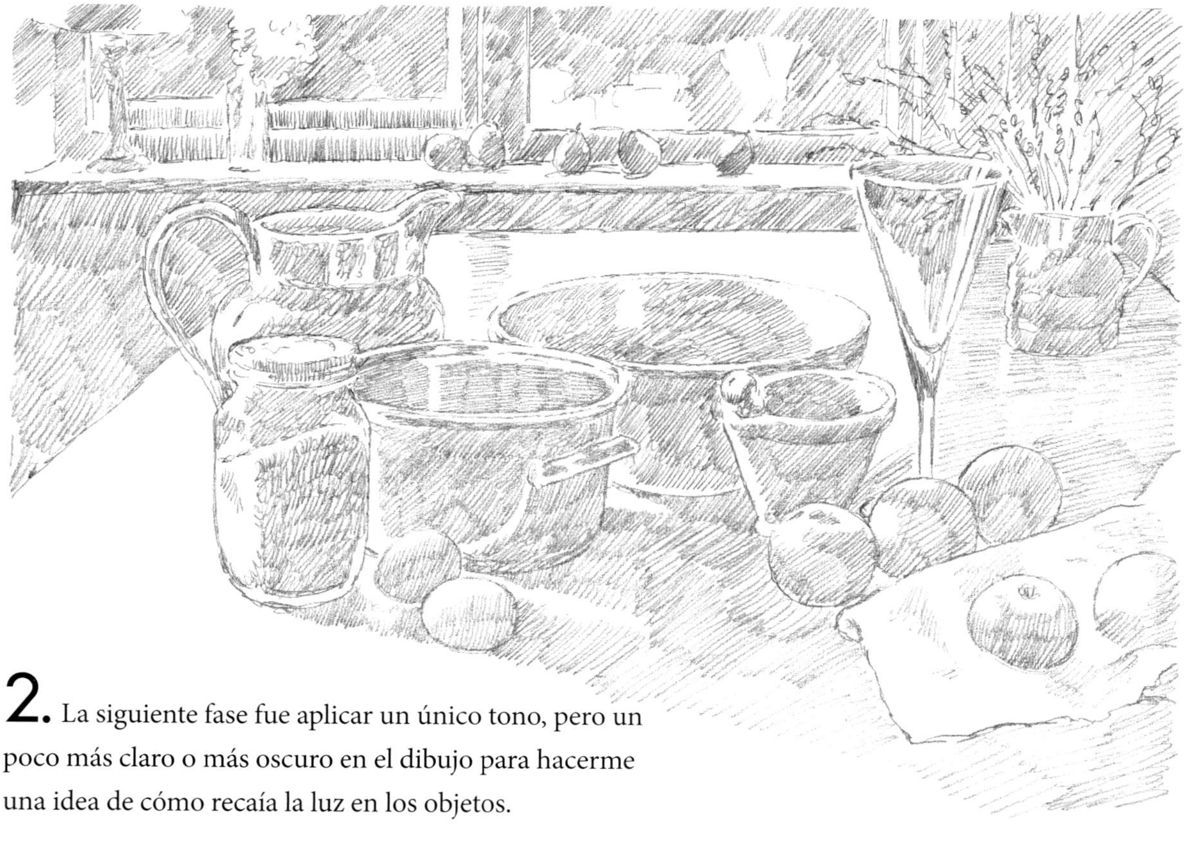

2. La siguiente fase fue aplicar un único tono, pero un poco más claro o más oscuro en el dibujo para hacerme una idea de cómo recaía la luz en los objetos.

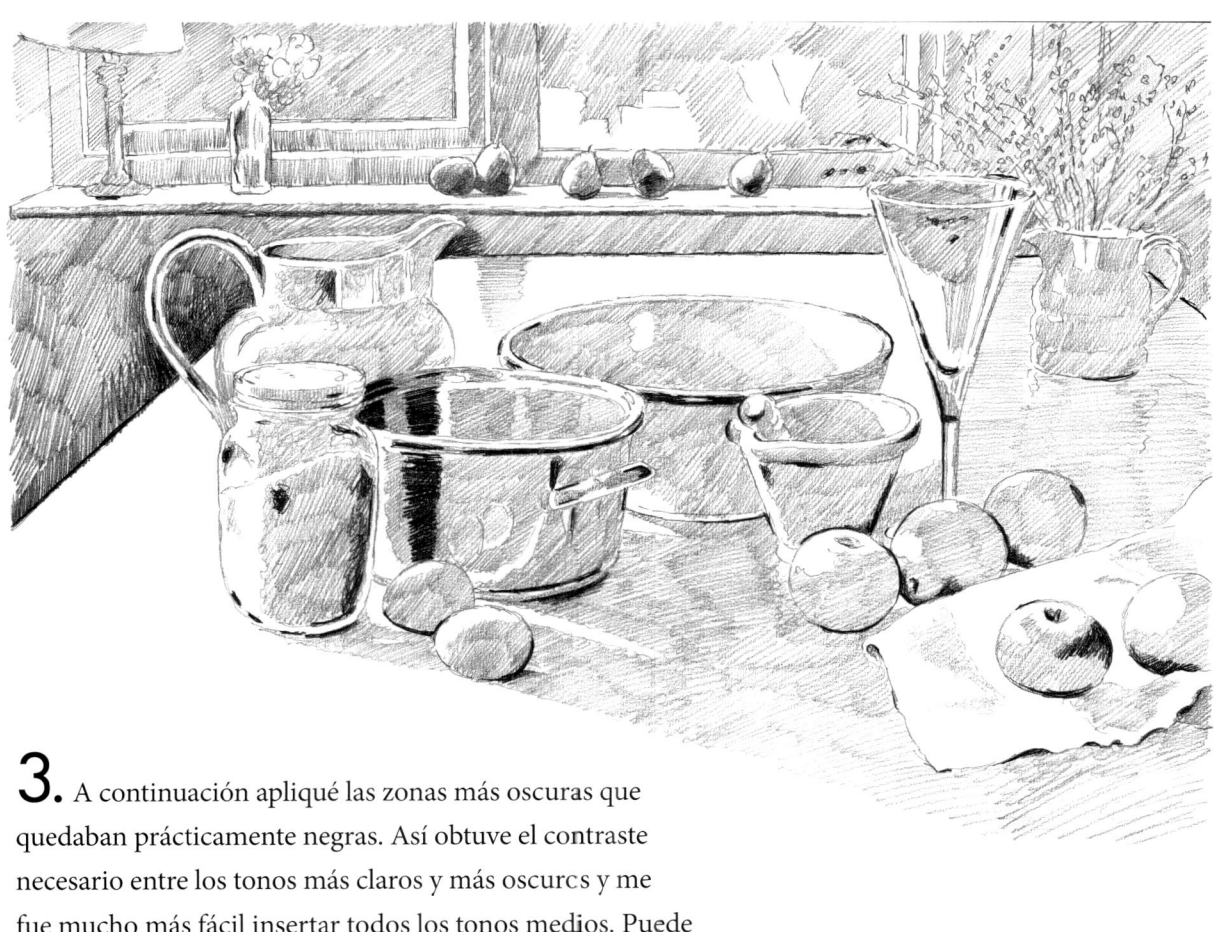

3. A continuación apliqué las zonas más oscuras que quedaban prácticamente negras. Así obtuve el contraste necesario entre los tonos más claros y más oscuros y me fue mucho más fácil insertar todos los tonos medios. Puede requerir cierto tiempo, pero si se realiza con atención mejorará la calidad del dibujo final.

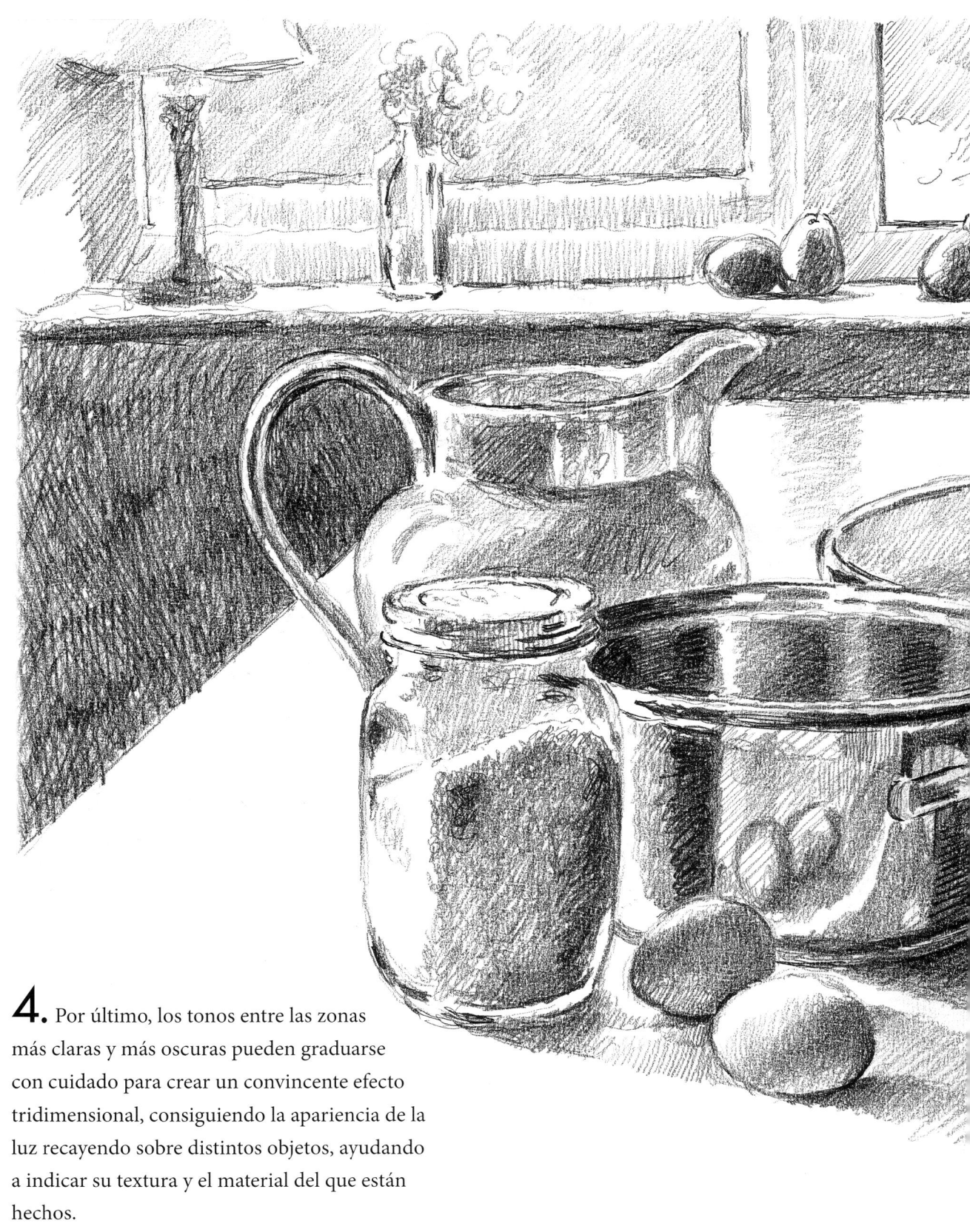

4. Por último, los tonos entre las zonas
más claras y más oscuras pueden graduarse
con cuidado para crear un convincente efecto
tridimensional, consiguiendo la apariencia de la
luz recayendo sobre distintos objetos, ayudando
a indicar su textura y el material del que están
hechos.

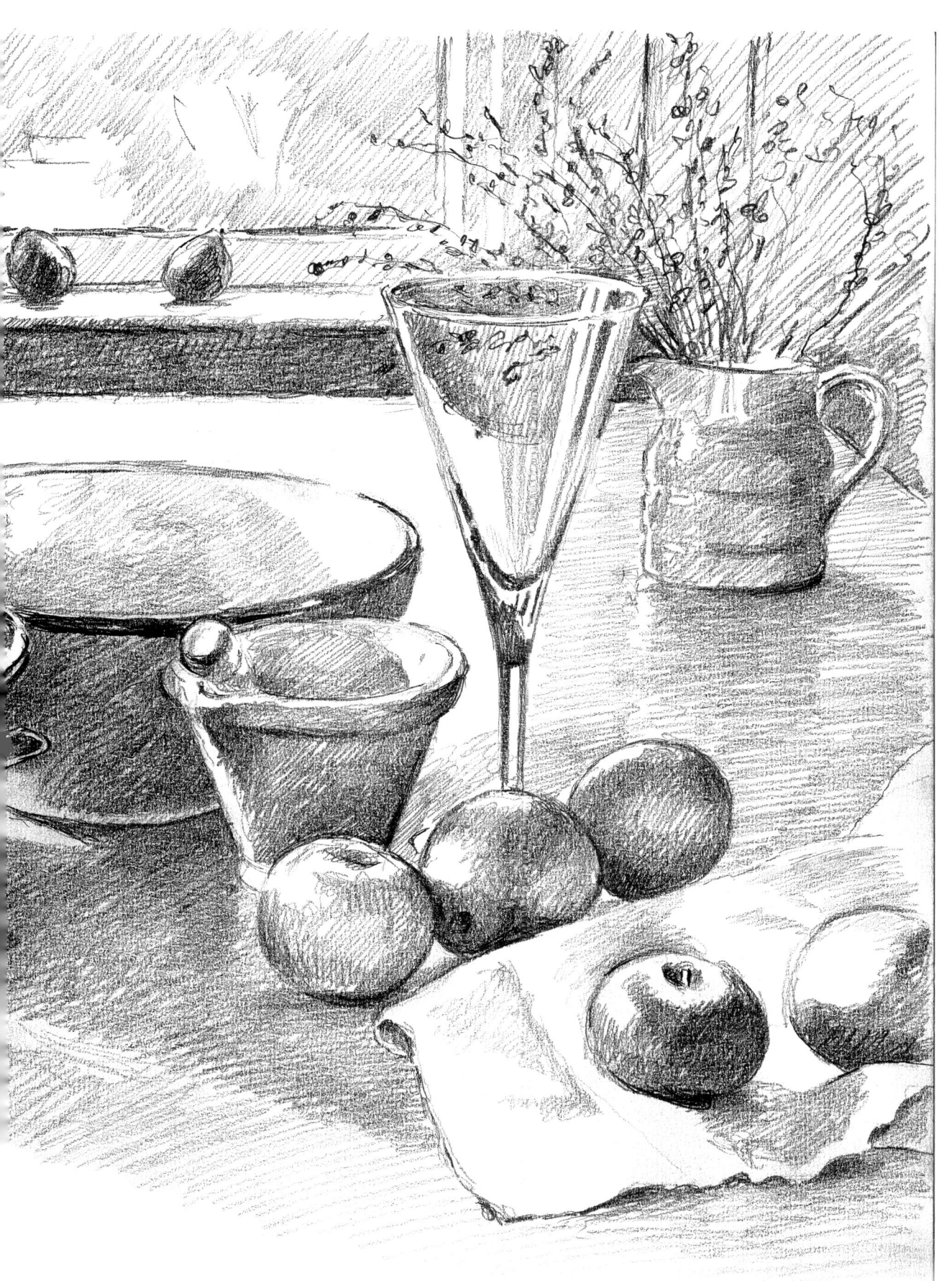

Índice alfabético

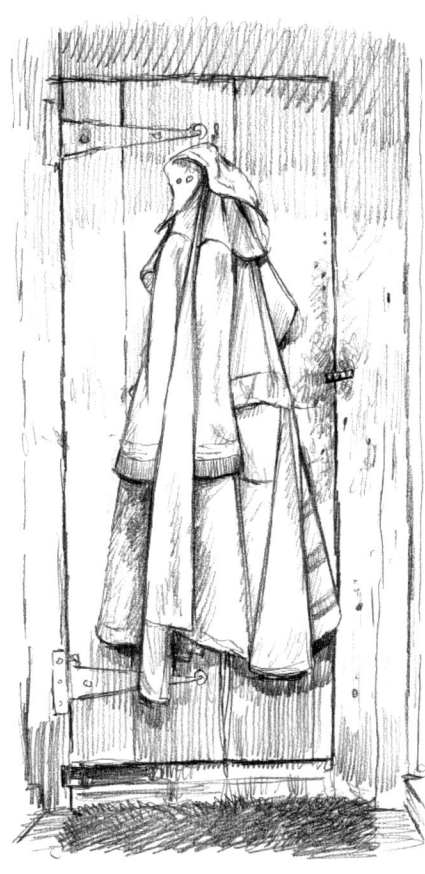

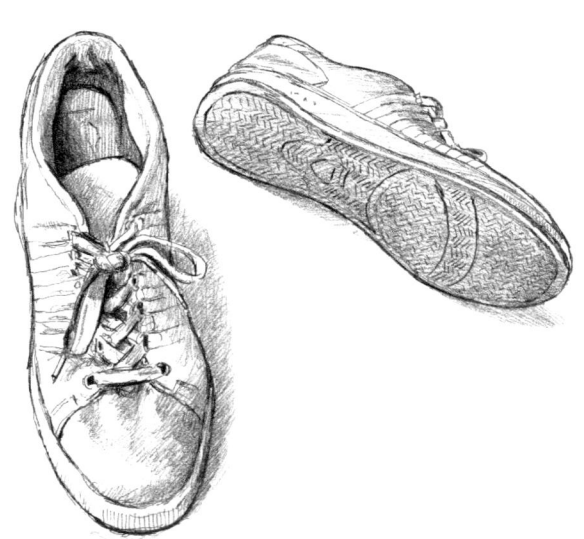